DES

LIQUIDATIONS JUDICIAIRES

ET SPÉCIALEMENT

DE CELLES QUI INTÉRESSENT LES MINEURS

ET AUTRES INCAPABLES

EN MATIÈRE

DE SUCCESSION ET DE COMMUNAUTÉ DE BIENS

ENTRE ÉPOUX,

PAR M. MOLLOT,

Juge au Tribunal de [ ] e,
Ancien avocat à la Cour Impériale de Paris.

PARIS

IMPRIMERIE ET LIBRAIRIE GÉNÉRALE DE JURISPRUDENCE

COSSE ET MARCHAL, IMPRIMEURS-ÉDITEURS,

LIBRAIRES DE LA COUR DE CASSATION,

Place Dauphine, 27.

1858

DES

LIQUIDATIONS JUDICIAIRES

ET SPÉCIALEMENT

DE CELLES QUI INTÉRESSENT LES MINEURS

ET AUTRES INCAPABLES

EN MATIÈRE

DE SUCCESSION ET DE COMMUNAUTÉ DE BIENS

ENTRE ÉPOUX,

PAR M. MOLLOT,

Juge au Tribunal de la Seine,
Ancien avocat à la Cour impériale de Paris.

———

PARIS

IMPRIMERIE ET LIBRAIRIE GÉNÉRALE DE JURISPRUDENCE

COSSE ET MARCHAL, IMPRIMEURS-ÉDITEURS,

LIBRAIRES DE LA COUR DE CASSATION,

Place Dauphine, 27.

1858

TYP. HENNUYER, RUE DU BOULEVARD, 7, BATIGNOLLES.
Boulevard extérieur de Paris.

PRÉFACE.

Depuis plusieurs années, j'ai dû vérifier un très-grand nombre de liquidations soumises à l'homologation du tribunal de première instance, en matière de succession ou de communauté de biens entre époux. Les éléments juridiques des états liquidatifs se trouvent partout dans le vaste domaine du droit civil, mais la confection pratique de ces actes ne me paraît point avoir été suffisamment expliquée jusqu'à présent. C'est pour quoi j'ai voulu résumer les observations dont elle est susceptible, et j'essayerai en même temps de proposer les améliorations qui peuvent être apportées à ce travail important et difficile.

Mes observations ne s'adressent pas aux notaires de Paris seuls, elles concernent tous ceux qui en exercent la fonction, quelle que soit leur résidence.

Je parlerai plus spécialement des partages ou liquidations en matière de succession et de communauté matrimoniale, parce que ce sont les plus fréquents. La plupart des principes par lesquels ils sont régis concernent d'ailleurs, comme on le reconnaîtra, les autres partages et liquidations relatifs aux sociétés et communautés ordinaires de biens.

Si l'aridité du sujet ne décourage pas le lecteur, j'espère que cet opuscule pourra offrir quelque utilité.

DES

LIQUIDATIONS JUDICIAIRES

EN MATIÈRE

DE SUCCESSION OU DE COMMUNAUTÉ DE BIENS

ENTRE ÉPOUX.

> De toutes les professions qui
> servent à maintenir la société ci-
> vile, il n'y en a pas de plus *déli-*
> *cate* que celle des notaires.
> DE FERRIÈRE,
> *Dictionnaire du droit,* Vᵒ NOTARIAT.

EXPOSITION.

1. De tous les actes du notariat, celui qu'on
appelle *partage* ou *liquidation,* en matière de
succession ou de communauté entre époux, est
encore aujourd'hui le plus grave et le plus difficile [1], sans en excepter même la transaction,

[1] En 1781, l'auteur (anonyme) du *Traité des connais-*
sances nécessaires à un notaire disait, page 8 de l'aver-
tissement : « La partie la plus importante du notariat est,
« sans contredit, celle des comptes, liquidations et par-

que quelques-uns réputent le chef-d'œuvre du notaire [1].

En effet, le notaire ne donne pas simplement au partage ou à la liquidation son enveloppe ou sa forme, comme à la vente et à la transaction en rédigeant les conventions des parties, comme à la donation et au testament en écrivant les paroles de celui qui dispose. La mission du liquidateur est beaucoup plus large, ainsi que nous le dirons bientôt. Elle consiste surtout à constater et apprécier, à régler et distribuer, d'après les seules prescriptions de la loi, les biens du mariage ou de la famille entre les époux ou les copartageants, c'est-à-dire que cette fonction touche encore plus à l'application du droit qu'à la physionomie de l'acte. Si le Code Napoléon, dérogeant à l'ancienne législation française, n'admet plus une distinction entre les biens à raison de leur nature ou de leur origine (art. 732 C. Nap.), entre les héritiers par rapport aux biens, distinction qui amenait des discussions fort sérieuses, tous les

« tages. » On trouve, dans l'introduction de cet ouvrage, des détails intéressants sur l'origine des notaires, leur institution, leurs prérogatives et devoirs, d'après les anciennes lois.

[1] Chauveau, *Introduction au Commentaire sur le Tarif*, p. 116, où il cite un réquisitoire de M. le procureur général Dupin.

autres éléments substantiels de l'opération conti-
nuent de subsister.

2. Les actes de partage ou de liquidation (nous
emploierons dans le même sens l'une ou l'autre
de ces dénominations) offrent aussi d'autant plus
d'intérêt qu'ils sont devenus plus fréquents depuis
le régime nouveau qui, en divisant les biens et
favorisant l'industrie, a répandu la richesse ou
l'aisance partout, dans les villes et les campagnes [1].

3. Cependant il nous semble que l'on ne se
rend pas toujours assez compte de l'importance
et de la difficulté d'un pareil travail, alors même
qu'il doit être examiné et sanctionné par la justice, à raison de l'incapacité de l'une des parties [2].

4. L'ordonnance royale de 1535, chap. XIX,
art. 3, exigeait que les notaires ne missent dans
leurs actes *choses superflues, ni grande multiplication de termes synonymes*, à peine d'amende
arbitraire. La loi du 25 ventôse an XI, qui les ré-
glemente aujourd'hui, n'a pas reproduit cette dis-

[1] « L'égalité des terres a été proclamée avec l'égalité des
« citoyens. La liberté du travail a ouvert à tous les portes
« jadis privilégiées de la propriété. » M. le premier président Troplong, *Traité de la Propriété*, p. 2.

[2] A Paris, le nombre de ces liquidations s'élève de quatre
à cinq cents chaque année.

position pénale, et, après en avoir fait la remarque, Toullier, expliquant la rédaction des actes notariés, en général, s'exprimait ainsi : « Aujour- « d'hui que nos lois sont très-simplifiées, une « grande partie des procès vient *de la mauvaise* « *rédaction des actes, des équivoques, des redon-* « *dances, de cette grande multiplication de termes* « *synonymes si énergiquement défendue par l'or-* « *donnance.* Mais sur ce point les notaires sont « *incorrigibles*[1].» De là, les dispositions qui, dans leurs actes, sont souvent obscures, à double sens, et parfois contraires au droit des parties.

Malgré la parole si rude du savant professeur et la délicatesse d'un tel sujet, nous ne pensons pas qu'il faille renoncer à toute observation nouvelle sur la rédaction des actes liquidatifs. Il y a d'ailleurs des remarques beaucoup plus essentielles à présenter sur leur substance même. Nous allons signaler, sans intention de blâme et sans esprit de critique, les imperfections qui nous ont frappé sous les deux rapports, et nous espérons que l'on sera disposé à accueillir nos réflexions, si on les trouve justifiées par la volonté de la loi et l'intérêt des copartageants. Les notaires ne voudront pas répudier la vieille renommée qui les oblige, en les honorant.

[1] T. VIII, p. 61, 1re édit.

5. Nos observations auront peut-être un autre résultat utile, celui d'uniformiser la jurisprudence qui doit donner aux actes liquidatifs son approbation.

6. Une note succincte peut suffire pour remplir le double but que nous nous proposons. S'il s'agissait de traiter la matière du partage en général avec toute l'étendue qu'elle comporte, il faudrait exposer et développer le principe, les éléments et les variétés du droit au partage, le privilége, la garantie et la lésion qui peuvent résulter de l'acte de partage ; il faudrait faire un livre. Mais la doctrine et la jurisprudence ont résolu la plus grande partie des controverses qui se sont produites. Nous désirons être lus par les praticiens, plus spécialement, et nous leur offrirons des analyses plutôt que des discussions, en traçant un tableau abrégé de l'opération judiciaire. Ils vérifieront nos opinions et nos motifs. « Il n'y a que « deux ou *au plus* trois raisons bonnes pour le « juge[1] » et pour le lecteur qui en fait l'office. Ces bonnes raisons, nous nous efforcerons de les trouver, en nous appuyant autant que nous le pourrons sur l'autorité des décisions rendues.

Il nous paraît encore moins convenable de dres-

---

[1] Disait l'un de nos plus célèbres avocats contemporains, Gauthier Berryer.

ser des formules pour l'acte liquidatif, parce que ses éléments sont trop divers et qu'il s'y agit beaucoup plus de la justesse des solutions et des appréciations, que de l'arrangement des clauses et des mots.

7. Le notariat distingue trois espèces de liquidation :

La liquidation de succession ;

Celle de communauté entre époux ;

Celle de reprises.

Les deux premières, seules, constituent, en réalité, le partage auquel la loi a consacré des dispositions spéciales (art. 845 et suiv. C. Nap., art. 966 et suiv. C. pr. civ. rectifié par la loi du 2 juin 1841). La troisième, qui a lieu du vivant des époux, et le plus souvent dans l'intérêt de la femme après séparation de biens et renonciation à la communauté, est plutôt un compte qu'un partage.

A l'égard des partages ou des liquidations proprement dits, deux hypothèses sont à remarquer :

8. Lorsque toutes les parties copartageantes sont présentes de leurs personnes ou représentées par un fondé de pouvoirs et qu'elles jouissent de la plénitude de leurs droits, elles sont libres de les régler comme elles l'entendent, devant un

notaire ou sous seings privés, aussi bien que toute autre convention quelconque (art. 819 C. Nap.). Elles n'ont pas besoin de faire approuver l'acte par la justice : c'est ce qu'on nomme, en droit, le *partage volontaire* ou *conventionnel*. Elles peuvent même abandonner la voie judiciaire pour signer un pareil acte, si le motif qui l'avait rendue indispensable vient à cesser depuis le commencement de l'instance (art. 985 C. pr. civ.) [1]. Voilà la première hypothèse ; nous ne nous en occuperons pas.

9. Lorsque l'une des parties majeures résiste ou que, parmi elles, se trouve un copartageant incapable de consentir, même avec l'assistance de son représentant légal, il y a nécessité que le partage ou la liquidation soit ordonné, puis homologué par le tribunal (art. 819 et 840 C. Nap.). Un premier jugement, en ordonnant la liquidation, désignera le notaire qui devra en dresser l'acte et le juge-commissaire qui sera chargé d'en faire le rapport à l'audience quand il s'agira de statuer sur l'homologation (art. 823, 828 C. Nap., et art. 969 C. pr. civ. rectifié) [2].

[1] Nous avons vu le tribunal de la Seine (3me Ch.) exiger en pareil cas le retrait de la demande d'homologation, pour leur épargner des frais inutiles.

Si les parties ne peuvent pas s'accorder sur le choix

10. Les auteurs et les arrêts semblaient décider que le renvoi devant un notaire doit toujours être prononcé, aux termes de l'article 828 du Code Napoléon, dans le cas où un incapable figure parmi les copartageants [1]. Au contraire, sous l'ancien droit, le renvoi était facultatif et laissé à l'arbitrage du tribunal [2]. Chabot rappelle que, le projet du Code ayant adopté ce système, les notaires réclamèrent vivement, et que la question fut résolue en leur faveur. Mais l'article 969 du Code de procédure civile, rectifié par la loi de 1841, porte que le jugement, en statuant sur la demande à fin de partage, commettra, s'il y a lieu, un juge-commissaire et un notaire. Par ces mots : « S'il y a lieu, » la nouvelle loi entend, selon nous,

du notaire, conformément à l'article 823 du Code Napoléon, le tribunal de la Seine a pour jurisprudence de nommer celui qui a fait l'inventaire, ou le contrat de mariage à défaut d'inventaire. Lorsque cet officier n'est plus en fonctions, son successeur est délégué. Dans le cas de dissentiment sérieux, le tribunal commet le président de la Chambre des notaires de Paris. Enfin, s'il a été procédé à l'inventaire par deux notaires, le règlement de cette Chambre indique le plus ancien comme devant être préféré. V. *infrà*, p. 22, à la note.

[1] Chabot, de l'Allier, t. III, p. 129; Pigeau, t. II, p. 750; Carré, *Question*, 3199; Bioche, v° PARTAGE, n°ˢ 111, 148, 149, etc.; arrêt de Cass. req., 19 juillet 1838, entre autres, Sirey, vol. XXXVIII, p. 889. D. P., 38, 1, 325.

[2] Ferrière, *Dictionnaire de droit*, v° PARTAGE, p. 290.

que le tribunal soit juge de l'opportunité de l'une et de l'autre des nominations. Il est quelques cas, fort rares à la vérité, où il se trouverait à portée d'opérer lui-même le partage et la liquidation immédiatement, d'après les seuls documents produits, sans retard ni autres frais [1]. Comment n'aurait-il pas le pouvoir de dispenser les parties de l'intervention du notaire, lorsqu'il a le droit de reviser et de réformer son travail?

Après que la liquidation a été ordonnée devant un notaire, ou l'acte donne lieu à des difficultés, ou il n'en survient pas.

11. Au premier cas, si les difficultés surgissent pendant le cours de son opération, nous verrons que le notaire les consigne, ainsi que les dires respectifs des parties, dans un procès-verbal qui est distinct de l'acte liquidatif et déposé par lui en minute au greffe du tribunal (art. 837 C. Nap., et 977 C. pr. civ.). Il peut naître des difficultés après la confection de l'acte, lors de la lecture qu'il en donne aux parties, et il les consigne aussi, avec les dires, dans le procès-verbal qu'on

---

[1] Nous avons eu le regret de rencontrer quelques actes liquidatifs et procédures d'homologation qui absorbaient une grande partie de l'actif net partageable. V. un dernier arrêt de cassation en ce sens, du 15 novembre 1851. Sirey, vol. LII, 1, 52.

[2] *Contrà*, le *Formulaire du notariat*, p. 615, vol. I.

appelle *de clôture* [1]. Quelquefois, enfin, ces con-testations arrivent après, et, à l'égard de celles-ci, nous dirons tout de suite, pour n'y plus revenir, que les parties sont encore admises à les produire par de simples conclusions signifiées, alors même que le juge-commissaire a fait son rapport [2]. Or, toutes ces contestations, n'importe leur date, viennent se discuter à l'audience, de même que les autres procès, avec la contradiction la plus complète, sur le vu du procès-verbal ou des con-clusions ultérieures. Le tribunal statue [3], mais après avoir entendu le juge-commissaire et le ministère public qui ont préalablement examiné l'acte et les difficultés (art. 823 C. Nap., et 981 C. pr. civ.).

12. Bien que le débat reçoive en quelque sorte

---

[1] En indiquant son avis, V. *infrà*, p. 67.

[2] C'est ce qui a été jugé par un arrêt de la Cour d'Or-léans, du 24 novembre 1855 (Sirey, vol. LVI, 2, 585, et D. P., 56, 2, 259), à l'égard d'un créancier opposant à par-tage. Le débat n'est clos que par les conclusions du mi-nistère public. Or, il y a même raison de décider pour l'une des parties copartageantes. V. *infrà*, p. 145. Nous verrons, p. 147, comment la signification des conclusions doit avoir lieu.

[3] Nous n'adoptons pas l'opinion de Toullier, qui décide que le juge-commissaire a le droit de prononcer sur ces contestations (t. IV, n° 424, 1re édit.). L'article 823 du Code Napoléon dit virtuellement le contraire.

des parties elles-mêmes son développement et ses limites, il y a pourtant deux autres observations à faire : d'une part, le juge-commissaire n'en conserve pas moins le droit de provoquer d'office les solutions et les modifications qui intéressent l'incapable, parce que ce droit dérive de la protection légale sous laquelle celui-ci est placé ; d'autre part, le tribunal a toujours la faculté de renvoyer devant le notaire les difficultés qui ne lui ont pas été soumises, s'il pense qu'il pourra concilier les parties ou éclaircir les faits et la question.

13. Mais il arrive bien plus fréquemment que l'acte liquidatif est remis au juge-commissaire, sans qu'aucune contestation ait été soulevée devant le notaire ou par des conclusions signifiées depuis la clôture de son acte, soit que le représentant de l'incapable n'ait pas comparu pendant ni après l'opération, soit qu'il s'en rapporte à justice, ou même qu'il donne son assentiment exprès [1]. Et c'est alors, surtout, que le juge-commissaire et le ministère public sont appelés à suppléer la défense de l'incapable, après avoir contrôlé tous les détails de l'acte avec l'attention la plus scrupuleuse. C'est au savoir, à l'expé-

[1] Sur cent liquidations, il n'y en a pas dix qui soient contestées.

rience, à la sagacité de ces magistrats qu'il appartient de saisir et de faire rectifier les erreurs qui auraient été commises par le notaire et inaperçues par la partie lésée.

Nous ajouterons que les liquidations exigent une vérification d'autant plus rigoureuse qu'elles sont plus modestes par leur chiffre. Le patrimoine du pauvre est placé sous la sauvegarde toute particulière des juges, l'examen de ses droits leur est commandé comme un devoir sacré : *Judicate egeno et pupillo; humilem et pauperem justificate* [1].

Telle est la seconde hypothèse que nous allons examiner.

14. Si nous n'entendons nous attacher qu'aux liquidations judiciaires intéressant un incapable, on comprendra que la plupart de nos observations, étant fondées sur des principes communs, s'appliquent aux actes de partage ou de liquidation amiables, et qu'à cet autre titre elles se recommandent encore à l'attention des officiers publics.

---

[1] Psalm. LXXXI, 3. « Jugez la cause du pauvre et de « l'orphelin, rendez justice aux petits et aux pauvres. » V. M. Dupin, *Règles de droit et de morale*, p. 68.

CONSIDÉRATIONS GÉNÉRALES.

15. Il convient, avant tout, que le notaire liquidateur se pénètre profondément des considérations supérieures qui éclairent et dominent l'objet de sa mission.

I.

16. Dans sa fin, le partage de communauté ou de succession est destiné à consacrer entre deux ou plusieurs intéressés indivis l'exécution des transmissions sociales, successorales, gratuites, et par conséquent l'exercice du droit de propriété qui doit en découler au profit de chacun d'eux, d'après la fiction de l'ancien droit français que le Code Napoléon a consacrée (art. 883 et 1476). Par sa nature, ce partage touche à l'ordre public, car il est obligé et presque toujours urgent; l'homme ne tient tant à la propriété que pour en jouir seul et sans entraves. Ce grand principe nous a été transmis par la législation romaine : *in communione vel societate, nemo compellitur detineri* [1], et si notre ancienne jurisprudence en

[1] Loi dernière au Code, *Communi dividundo*, et loi 14 au Digeste, § 2, *De comm. divid.*

avait fait parfois une interprétation erronnée, il a recouvré toute son énergie avec le Code Napoléon [1]. Mais ce qui constitue éminemment l'importance du partage au point de vue où nous nous plaçons, c'est la diversité des éléments qu'il y a constater et apurer : biens, charges, papiers, secrets, honneur, tout ce qui constitue le patrimoine d'une famille,—c'est la présence des incapables qu'il va protéger et engager tout à la fois par un acte complet et solennel.

II.

17. La famille est la base de la société. Le mariage établit la famille, en fixant ses droits dans un contrat par la convention des époux, et sans contrat par la seule volonté de la loi [2], en créant la filiation légitime et par suite la parenté à tous les degrés successibles. Or, l'acte de partage ou de

---

[1] « Nul ne peut être contraint de rester dans l'indivision, « nonobstant prohibitions et conventions contraires, à « moins qu'il ne s'agisse que d'une suspension pendant « cinq ans » (art. 815). « L'indivision, dit Chabot sur l'ar- « ticle 810, ne convient ni à nos habitudes, ni à notre ré- « gime, elle met des entraves à l'exercice de notre droit de « propriété, et n'est le plus souvent qu'un sujet de discorde « entre les propriétaires. »

[2] *In vim consuetudinis,* selon l'expression ancienne.

liquidation rassemble et règle tous ces droits : ceux de *communauté*, après une séparation de biens entre les époux, ou après le décès de l'un d'eux entre le survivant et les héritiers du mort ; ceux de *succession* (que le défunt soit marié ou non), entre ses héritiers, donataires ou légataires. Le plus souvent, les deux opérations ont lieu en même temps. Parfois, l'acte s'agrandit avec la nécessité de liquider deux ou plusieurs successions connexes, dont l'une s'est ouverte par le décès d'un héritier qui a transmis sa part indivise dans la première succession aux autres copartageants ou à l'un d'eux. Ici, ce sont des frères ou sœurs au double lien ; là, des frères ou sœurs *ex uno latere*. Les uns viennent de leur chef, les autres par représentation ou souche. Quelques appelés sont des réservataires, des enfants naturels reconnus. Il arrive presque toujours que les droits des intéressés sont différents et inégaux. Les espèces varient à l'infini. Et l'on comprend que ce travail, qui peut être immense au milieu d'intérêts nombreux et compliqués, doit embrasser sans aucune omission tous les éléments mobiliers et immobiliers, actifs et passifs, dont se composent les patrimoines à partager, savoir : les stipulations contractuelles des époux, les avantages mutuels et singuliers qui en résultent ou qui dérivent d'actes ultérieurs ; les reprises d'apports ou de dots, les récompenses de communauté, les indemnités de propres vendus ; les libéralités du défunt directes ou indirectes en faveur d'enfants, de collatéraux, d'étrangers ; les rapports de dots, dons et dettes à la charge des successibles; l'apurement des comptes d'administration provisoire, de tutelle, d'exécution testamentaire ou autres dont le reliquat doit entrer dans la masse commune ; la formation de cette masse, avec déduction du passif; l'établissement de la quotité disponible, s'il y a des héritiers réservataires en présence de donataires ou de légataires, la réduction des dons et legs excessifs ; la fixation des parts héréditaires ou des émoluments gratuits, en toute propriété, en nue-propriété, en usufruit; et finalement leur délivrance, c'est-à-dire les attributions du *net* des valeurs actives au profit de chaque copartageant, selon ses droits.

Voilà l'objet sommaire de l'acte de liquidation, et la loi romaine ajoute : *Judex familiæ erciscundæ nihil debet indivisum relinquere* [1].

III.

18. La première règle à suivre pour appliquer

[1] L. 25, § 20. II, *fam. erciso.* V. *infrà.*

tous ces éléments de liquidation si multipliés, entre copartageants, héritiers naturels ou *ab intestat*, règle capitale et souverainement équitable, est celle de l'égalité. » La grande loi de l'égalité est l'*âme du partage*, » dit Prévôt de La Jannès [1]. Cette maxime a été reproduite par le tribun Siméon à peu près dans les mêmes termes : « La base du partage est l'égalité [2]. » Il ne peut plus être question de l'égalité absolue que beaucoup de coutumes, celle de Paris en tête, avait édictée à l'égard des enfants, en ne permettant ni aux père et mère, ni aux ascendants d'avantager l'un de ces enfants au préjudice des autres enfants [3]. Nous parlons de l'égalité voulue par le Code Napoléon, dont les dispositions ont pris un moyen terme entre les coutumes qu'on appelait d'*égalité* et celles qui avaient adopté les maximes du droit romain sur la liberté testamentaire ; — de l'égalité qui,

[1] Vol. 1, p. 101.

[2] « Il faut que l'égalité règne dans le partage, car le partage n'est pas une affaire de négoce ni de commerce. » Chabot, dans son rapport déjà cité.

[3] V. Pothier, *Successions*, ch. iv, art. 2, V, 1.

— Le rapport n'est pas dû aux légataires ni aux créanciers de la succession (art. 857 C. Nap.); mais il est dû à son cohéritier par tout héritier, même bénéficiaire (art. 843), la loi nouvelle ayant rejeté les distinctions de l'ancien droit à cet égard.

tout en respectant les avantages faits même à des enfants, consiste à tenir entre tous les copartageants une balance parfaitement égale et impartiale dans la fixation et la délivrance des droits de chacun ; — de l'égalité qui commande le rapport des avantages directs ou indirects non préciputaires, la réduction des avantages excédant la quotité disponible, la juste appréciation ues valeurs héréditaires, la composition exacte des lotissements. Si le Code ouvre une action en rescision du partage, quand cette règle a été méconnue au delà d'une proportion déterminée (art. 887 C. Nap.), le notaire liquidateur ne croira pas avoir satisfait à sa conscience en s'arrêtant à la limite précise. Chargé par la justice de préparer l'acte sous l'influence d'une équité rigoureuse, et avec la connaissance personnelle des documents nécessaires, il est tenu de rejeter toutes les inégalités qu'une appréciation attentive et délicate peut rendre saisissables.

IV.

19. Une autre considération importante doit présider à l'œuvre du notaire, entre copartageants héritiers *ab intestat* et copartageants à titre gratuit, c'est que si la faculté de disposer à ce titre

a reçu du Code une latitude qu'elle n'avait point autrefois, si elle émane d'un principe élevé qui confère à l'homme le droit de se survivre en transmettant ses biens après sa mort, elle n'est pas privilégiée à ce point que, dans la composition et l'attribution des lots à dresser entre les étrangers appelés par lui et les parents appelés par la loi, elle puisse motiver la prééminence des libéralités sur les droits héréditaires. Nous inclinons plutôt à renfermer strictement l'exécution des donations et des testaments dans les termes exprimés par le disposant, parce que ces actes sont faits à l'exclusion de ceux que protégent l'ordre des affections, les liens de la nature et le statut conservateur de la famille [1]. Aussi Valère-Maxime caractérisait la puissance du droit des enfants par ces mots énergiques : *Arctissimum inter homines procreationis vinculum* [2]. Nos vieux auteurs disaient, dans le même sens : La disposition des coutumes d'égalité est le *testament des sages* [3]. Et M. le premier président Troplong ajoute : « Le testament, ou- « vrage d'une volonté accidentelle, ne pouvait « l'emporter sur la succession *ab intestat*, ouvrage

---

[1] Ce statut est aussi ancien que la société. Plutarque, *Vie de Solon.*

[2] M. Troplong, dans sa préface des *Donations*, p. 66.

[3] Lebrun, préface sur les *Successions.*

« permanent de la nature et du sang [1]. » Que la succession testamentaire appartienne donc au droit naturel ou au droit purement civil, question qui divise les plus savants jurisconsultes [2], ces hautes considérations de morale et d'ordre public subsistent. Disons de plus que la transmission *ab intestat* ne peut jamais procéder de la captation, de l'erreur, ni du caprice. Et de là nous conclurons encore avec raison, que, si le notaire est appelé à donner son avis sur un testament dont les termes sont obscurs et ambigus, il doit l'interpréter dans le sens le plus favorable aux héritiers légitimes. Il est de son devoir, personne ne le contestera du moins, de rechercher avec soin et de proscrire sans ménagement les avantages prohibés qui se cacheraient à l'ombre de conventions ou d'associations simulées et frauduleuses (art 853 et 854 C. Nap.).

20. Cette application de la loi actuelle au cas de concurrence des transmissions successorales et des transmissions gratuites n'est point, d'ailleurs, une atteinte portée au principe de l'égalité. Elle ne fait qu'apprécier à sa juste valeur le droit de chacune des deux sortes d'héritiers. Nous

---

[1] M. Troplong, préface des *Donations*, vol. I, p. 63.

[2] Le même auteur (vol. I, p. 16) se range au premier avis, en citant et combattant les autorités contraires.

examinerons plus loin si les règles générales que nous venons d'indiquer peuvent admettre certaines modifications dans quelques cas, pour le plus grand avantage de tous les copartageants.

V.

21. L'intérêt très-grave qui, dans le partage judiciaire, s'attache aux parties incapables, se comprend de soi. La faveur dont la loi environne ceux qui ne peuvent pas se suffire à eux-mêmes est empreinte dans toutes ses pensées, dans toutes ses dispositions. Elle veut que leurs personnes et leurs biens soient constamment surveillés et défendus. Elle leur a donné des tuteurs ou des administrateurs particuliers qui figurent dans l'acte liquidatif[1]. Mais elle place bien au-dessus de ce mandat limité, si impérieux qu'il soit, la confiance remise au notaire, et surtout la vérification protectrice qu'elle délègue au pouvoir, au dévouement et aux lumières des ministres de la justice.

22. Les incapables ne sont que trop nombreux. On est d'accord pour réputer tels les mineurs, même émancipés, les interdits, les substitués nés et à naître (1048 et 1049 C. civ.) et, par assimilation dans l'intérêt des créanciers,

[1] V. *infrà*, p. 75.

les hoiries vacantes. Nous verrons, en parlant de
la demande en partage, si d'autres qualités n'exigent pas aussi qu'il soit procédé judiciairement à
cause d'elles [1].

VI.

23. D'après ce qui précède, le notaire peut
déjà se rendre compte du rôle tout spécial qu'il
est appelé à remplir pour la bonne confection de
l'acte ou de l'état liquidatif. Son travail n'est pas
purement matériel, purement descriptif. En voulant qu'il soit désigné par la justice, en consen-
tant à ce qu'il procède seul, sans l'assistance d'un
second notaire, ni de témoins [2], ni d'avoués [3], la
loi lui confère une mission plus sérieuse, une
mission de confiance. Elle le charge, sans qu'il
soit nécessaire qu'une disposition expresse du jugement le lui ordonne, de rassembler tous les

[1] V. infrà, nos 46 et suiv.

[2] Article 977 du Code de procédure civile, par dérogation à la loi du 25 ventôse an XI. Le notaire commis con-
sent quelquefois à être assisté d'un autre notaire pour dé-
férer à la convenance de l'une des parties. La loi ne s'y
oppose pas, mais les honoraires de l'acte ne sont pas aug-
mentés, ils sont partagés entre eux, d'après leur usage.

[3] Arrêt de Riom, du 14 janvier 1842. Jurispr. gén., de
Dalloz, v° SUCCESSION, p. 490 et 500. V. infrà, p. 93 et 153.

éléments liquidatifs et, pour cela, de rechercher les faits et de les apprécier, de constater les actes et de les interpréter, de signaler les contestations qui peuvent naître et de les juger le premier. Les intéressés sont pour lui des parties, non des clients. Il les entend s'il croit pouvoir en obtenir des renseignements utiles [1]. Il essaye de les concilier avant tout. La loi ne lui prescrit aucune forme sacramentelle pour l'accomplissement de son œuvre. En un mot, il fait la fonction d'un arbitre rapporteur recommandé par la foi qui s'attache à son titre d'officier public, il exerce une sorte de magistrature. Exprimée dans ces conditions, avec maturité, avec impartialité, avec motifs, si la difficulté a été formulée, son opinion pèse d'un grand poids dans la balance des juges qui la vérifient. Hésite-t-il sur une question, il doit encore proposer son avis. S'il se trompe, ce qui n'est pas une faute, il aura éclairci la question et le tribunal statuera [2].

24. C'est surtout en matière de liquidation, qu'il convient d'appliquer au notaire ces autres paroles de Ferrière : « La science du notaire ne « consiste pas seulement, comme plusieurs se

---

[1] Nous dirons plus loin qu'elles doivent être appelées à connaître son travail avant la clôture de l'acte, p. 139.

[2] Nous reviendrons plus loin sur ce point, p. 87 et 142.

« l'imaginent, dans le style ordinaire des actes
« ni dans l'arrangement et l'usage des termes
« consacrés à la pratique, *il faut encore être in-*
« *struit des maximes de la doctrine et de la juris-*
« *prudence* [1]. »

C'est aussi pourquoi la Cour de cassation a dit,
dans ses Observations sur le projet du Code de
procédure : «qu'on ne doit pas prévoir le refus
« du notaire d'accepter sa commission autrement
« que par *empêchement.* » Il reçoit, en effet, le
plus haut témoignage d'estime que la justice
puisse lui décerner.

VII.

25. Arrivons maintenant à notre examen
personnel, et ne nous attachant qu'aux prescriptions substantielles de la loi, aux accidents les
plus ordinaires du fait [2], au point de vue pratique, reprenons successivement dans une esquisse
rapide :

Les préliminaires de la liquidation ;

---

[1] Ferrière, *Parfait notaire*, t. I, p. 1. L'auteur des *Con-
naissances nécessaires à un notaire* exprime la même opinion, vol. I, p. 5. Dans les Capitulaires de Charlemagne,
les notaires avaient été institués sous la dénomination de
judices chartularii. Ils ont pris ensuite d'autres noms : *ta-
bellions, gardes-notes,* etc.

[2] *De eo quod plerumque fit.*

L'état liquidatif en ses diverses parties;

Son homologation.

Nous n'examinerons pas séparément les deux espèces de liquidation judiciaire, parce que leurs éléments sont communs presque en tous points. Il suffira d'indiquer les différences essentielles, et nous éviterons ainsi des répétitions et des obscurités [1]. Quant à l'acte de reprises improprement appelé liquidation, nous devrons nous borner à en dire quelques mots à la fin de cette notice.

---

§ 1.

PRÉLIMINAIRES DE LA LIQUIDATION.

26. On sait que, pour toute liquidation judiciaire, il y a des préliminaires indispensables ou accidentels, dont les résultats viennent plus tard y prendre place et concourir à son économie

---

[1] Nous rechercherons plus tard, p. 57, si l'on peut accessoirement comprendre, dans l'acte à homologuer, la liquidation d'une communauté universelle de biens et celle d'une société civile ou commerciale.

légale. La parfaite exécution de ces actes préparatoires regarde le notaire dans une certaine mesure. S'il n'est commis par le tribunal que lors du jugement qui ordonne la liquidation, il est presque toujours désigné par la famille et son conseil au début de l'affaire. La régularité de l'acte liquidatif dépend aussi de l'accomplissement ponctuel des formalités préalables.

27. Quels sont les préliminaires obligés ; comment doivent-ils être remplis? Pour répondre à ces questions, nous sommes conduit à parler, aussi brièvement que possible :

1° De l'inventaire,

2° Des mesures provisoires,

3° Du partage provisionnel,

4° De la demande en partage,

5° De la prise de qualités,

6° De la délivrance des legs,

7° Du jugement qui ordonne la liquidation ,

8° De la licitation préalable.

I. — Inventaire.

28. C'est le plus essentiel des préliminaires. Il suit la dissolution de la communauté ou l'ouverture de la succession dans un délai déterminé

(art. 941 et suiv. C. pr. civ., art 795 et 1461
C. Nap.) [1]. Lorsqu'il y a instance en séparation
de biens et de corps, il peut précéder le jugement de séparation en vertu d'une autorisation
provisoire donnée par la justice (art. 270 et
1445 C. Nap. et 869 C. pr. civ.) [2]. Il a pour
objet de constater les valeurs mobilières, actives
et passives, dépendant de la communauté ou de
la succession [3]. Il doit donc être complet, sans
descriptions oiseuses, pour les papiers surtout. Il
suffit d'inventorier les titres (art. 943, n° 7, C.
pr. civ.), en conservant les documents utiles.
Les *paperasses* que l'on se complaît si souvent à
accumuler jusqu'à sa mort ne sont ni des titres,
ni des documents.

La relation des titres doit être faite dans l'acte,
avec d'autant plus de soin, que leur valeur peut
présenter des doutes. S'il s'agit d'un titre passif,

[1] Nous omettons l'apposition des scellés, parce qu'elle ne
concerne pas directement le notaire (art. 819 et 820 C. Nap.).
Cependant, il doit se conformer aux dispositions des articles 928 et suivants du Code de procédure, qui règlent les
suites de cette formalité pour l'accomplissement de l'inventaire. V. Dutruc, *Partage de succession*, n°s 55 et suiv.

[2] Massé, *Parfait notaire*, liv. X, chap. XIII, et M. de
Belleyme, *Référés*, vol. I, p. 78 et 165.

[3] L'inventaire ne mentionne pas les immeubles, il ne
parle que des fermages ou loyers échus. A quoi servirait la
constatation des immeubles, qui ne sauraient disparaître?

le notaire appellera les parties elles-mêmes à le vérifier.

Mais voici quelques observations beaucoup plus graves.

29. D'ordinaire, les époux qui, au moment de leur mariage, exercent ou se proposent d'exercer une industrie, stipulent dans leur contrat de mariage que le survivant aura le droit de reprendre le fonds de commerce en nature, sauf à en payer le prix à la succession de l'autre époux, d'après une évaluation par experts. Cette stipulation est valable, et ordinairement encore son exécution se réalise dans l'inventaire. Or, il est d'usage à Paris que le notaire accepte les deux experts qui lui sont désignés, l'un par le conjoint survivant, l'autre par le représentant de l'héritier incapable ; il reçoit même le serment des experts. Ce mode de procéder offre à la justice une garantie morale, nous le reconnaissons, et il économise des frais. Mais est-il régulier ? Le notaire fait acte de juridiction et, suivant nous, il n'a pas ce droit [1]. C'est au président du tribunal qu'il appartient de nommer sur référé les experts, et, en cas de dissentiment entre deux experts, le tiers expert. Il doit aussi recevoir leur serment

[1] Ainsi jugé, par un arrêt du Parlement de Paris, du 17 juillet 1692. *Dictionnaire* de Ferrière, v° PARTAGE.

(art. 944 C. pr. civ.)[1]. L'expertise est assez importante pour que ces formalités si simples s'accomplissent, d'autant plus que le président a le droit d'en ordonner l'exécution sur la minute de l'ordonnance et sans le dépôt du rapport. La loi n'autorise le notaire à recevoir un serment que de ceux qui, avant l'inventaire, se trouvaient en possession du mobilier ou habitaient la maison dans laquelle il était renfermé (art. 943 C. pr. civ.).

30. Un autre usage ne nous semble pas plus rassurant pour la justice. Nous verrons que, dans le plus grand nombre des partages où des mineurs sont intéressés comme héritiers de l'un des époux communs en biens, le notaire attribue à l'époux survivant (leur père ou leur mère), à valoir sur ses reprises ou sur sa part, les meubles meublants trouvés dans la masse partageable, et il les lui attribue pour le prix d'estimation qui a été fixé par le commissaire-priseur dans l'inventaire. Nous verrons aussi qu'en principe cette attribution est admissible. Mais, dès à présent, nous disons qu'elle n'a pas une régularité suffisante quant à l'estimation, parce qu'il est notoire que, dans la pratique, la prisée de l'inventaire se fait, aujourd'hui comme autrefois, malgré la disposi-

[1] V. aussi l'article 935, même Code.

tion de l'article 825 du Code Napoléon, bien au-dessous de la valeur réelle des meubles. Nous avons remarqué quelques actes de liquidation par attribution où le notaire avait ajouté à l'évaluation de l'inventaire *un quart* en sus [1] pour lever la difficulté. A défaut de ce moyen, il y en aurait un autre : c'est que le notaire qui connaît souvent, dès le jour de l'inventaire, l'intention des parties à l'égard des meubles meublants, en prévînt le commissaire-priseur, et que celui-ci les estimât plus en vue de l'attribution projetée. Ce fait étant constaté par l'inventaire, le tribunal pourrait statuer en connaissance de cause. Autrement, que sait-il sur la valeur des meubles ? Rien de certain.

31. Une troisième recommandation à faire au notaire concerne les déclarations passives qu'il reçoit à la fin de l'inventaire (art. 943 C. pr. civ.), qui sont données par l'une des parties présentes, par exemple le survivant des époux ou l'un des héritiers, et qui n'ont aucun titre pour appui. L'expérience a démontré qu'émanant de l'un des intéressés, ces déclarations peuvent sus-

---

[1] C'était la *crue* ou *parisis* de l'ancien droit coutumier. Elle était payée par celui qui ne représentait pas le mobilier dont il devait la restitution. Chabot, sur l'article 825 du Code Napoléon.

citer un grave embarras lors de la liquidation, si elles n'ont pas été précédées d'une vérification positive. A défaut de titre, le notaire ne doit donc pas porter au passif la dette déclarée, car le prétendu créancier ne manque jamais de s'emparer de l'énonciation, et un procès s'ensuit si la liquidation ne consacre pas son droit. L'article 943, disposant, n° 7 : « que l'inventaire con-« tiendra la déclaration des titres actifs et pas-« sifs, » nous paraît exclure toutes déclarations passives, en l'absence de titres, à moins qu'il ne s'agisse de gages de domestiques ou de dettes d'une nature analogue [1]. Dans tous les cas, le notaire aura la précaution d'insérer des protestations ou réserves contraires de la part des autres héritiers [2].

32. Nous parlerons enfin d'une coutume qui a été adoptée dans ces derniers temps par quelques notaires, et dont nous devons leur signaler l'inconvénient. Des valeurs au porteur (actions ou obligations) ayant été inventoriées, ils jugent

---

[1] Cette restriction apportée par la loi est d'autant plus significative, que le projet du Code de procédure civile semblait aller plus loin en permettant, *sans parler de titres*, d'énoncer « les déclarations actives et passives. » V. Carré, art. 943, question 3149 ; Berryat Saint-Prix, p. 701, n° 8 ; Favard de Langlade, t. III, p. 124.

[2] Massé, *Parfait notaire*, v° INVENTAIRE.

utile d'en coter et parapher les titres, si les parties majeures ne s'y opposent pas, et plus particulièrement s'il y a des copartageants incapables. Ils pensent en assurer par cette précaution la propriété à la masse indivise, jusqu'à ce que la liquidation ou le partage judiciaire ait pu s'opérer. Mais nous croyons que le moyen n'est ni légal, ni efficace. L'article 943, n°° 6 et 7, du Code de procédure ne prescrit la cote et le paraphe que pour les *papiers*, non pour les titres actifs, et les valeurs au porteur rentrent dans la catégorie des titres. D'un autre côté, bien que la cote et le paraphe mis sur les titres au porteur ne les frappent pas d'inaliénabilité, même temporairement, en l'absence d'une disposition spéciale de la loi, ils sont de nature à en entraver la négociation au préjudice des parties, après la consommation du partage. Les agents de change que la loi charge de cette négociation, voyant les titres cotés et paraphés, refuseront sans hésitation de les vendre ou de les acheter, dans la crainte de s'exposer à une responsabilité personnelle. Ils ne chercheront point à vérifier si l'obstacle a cessé, et souvent ils n'en auraient pas le moyen. Le notaire conciliera tous les intérêts plus sûrement, en conservant les titres, du consentement des parties, ou bien elles se pourvoiront pour en faire ordonner le dépôt soit à la Banque de France, soit dans les mains d'un tiers. Un simple référé suffit à la régularisation de cette mesure conservatoire, et l'on procède de la sorte, à présent, dans l'usage le plus général [1].

II. — Mesures provisoires.

33. On commence par vendre les meubles meublants inventoriés aux enchères et en vertu d'une simple ordonnance du président sur requête (art. 452 et 826 C. Nap. et 946 C. pr. civ.). Le fonds de commerce existant pourrait être vendu de la même manière, puisqu'il rentre dans la catégorie des meubles en général dont parle la loi ; mais, à raison de sa plus grande importance, on sollicite pour lui une ordonnance de référé rendue sur citation et fixant la mise à prix. Il est souvent indispensable aussi, lorsqu'il y a urgence, de faire administrer provisoirement, et même avant l'inventaire, tout ou partie de l'actif à partager ou à réaliser plus tard, et l'on choisit comme administrateur l'époux survivant, l'un des héritiers ou un étran-

[1] V. dans *le Droit*, numéro du 16 janvier 1858, un jugement rendu par la 1re Chambre du tribunal de la Seine, le 13 du même mois. V. aussi un arrêt de Paris, du 14 mars 1857 ; Sirey, 1857, 1, p. 628.

ger. Quelquefois le notaire est chargé de cette administration provisoire, qui comprend les recettes et les dépenses à faire pour compte de l'hoirie. C'est encore le président [1] qui statue en référé sur ces autres objets (art. 944 C. pr. civ.).

III. — Partage provisionnel.

34. Il faut se garder de croire qu'il doive figurer parmi les préliminaires obligés de la liquidation. Les articles 418, 466 et 840 du Code Napoléon parlent de cette espèce de partage, sans en déterminer les conséquences. Il résulte très-certainement de l'article 840 que, si les partages qui intéressent les mineurs, les absents ou non présents, n'ont pas été réalisés avec l'accomplissement des formalités prescrites, ces actes ne sont pas définitifs, c'est-à-dire irrévocables vis-à-vis d'eux, alors même que les mineurs non émancipés y auraient été assistés de leurs tuteurs et les mineurs émancipés de leurs curateurs. Le mot *provisionnel*, dont la loi se sert pour qualifier les partages ainsi faits, semble indiquer qu'il est seulement question d'une division provisoire des biens destinée à en faciliter à chacune des parties la jouissance, proportionnellement à ses droits.

---

[1] V. *infrà*, p. 56 et 57.

Cependant une grave controverse a surgi quant aux effets d'un tel partage au regard des majeurs. On s'est demandé s'il ne lie pas les majeurs, lorsque les mineurs veulent le maintenir comme définitif (art. 1125 C. Nap.)[1]. Il n'entre pas dans notre sujet de discuter la question. Nous nous contenterons de faire observer que le partage provisionnel présente rarement de l'utilité pour les incapables, et qu'il les compromet presque toujours en les exposant à des abus de jouissance de la part de leurs copartageants ou de leurs tuteurs et curateurs. La jouissance d'un capital peut

[1] V. Dutruc, n° 269. Sous l'ancien droit, on pensait que, conformément au principe général du droit reproduit par l'article 1125, le majeur n'était point admis à se prévaloir de l'incapacité du mineur avec lequel il avait sciemment contracté. Lebrun, *Successions*, liv. IV, ch. I, n° 24; Rousseau-Lacombe, v° PARTAGE, sect. III, n° 1; Roussilhe, *Instilutes*, t. II, n° 564. C'est aussi l'opinion de Chabot qui, d'après la loi nouvelle, considère le partage comme définitif vis-à-vis des héritiers majeurs (art. 840). Un arrêt de la Cour de cassation, du 9 mars 1840, a jugé de même, et il est à remarquer que, dans l'espèce, ceux-ci avaient manifesté l'*intention* d'opérer un partage définitif. V. Sirey, vol. I, p. 451. On trouve, dans Sirey, des arrêts qui ont adopté des systèmes divers : Cass., du 24 juin 1859, vol. XXXIX, 1, 618, D. P. vol. XXXIX, 1, 372, et Montpellier, du 16 août 1842; vol. XLVIII, 2, 148. Au milieu de cette controverse, le principe de l'article 1125 nous paraît dominer la question.

conduire à son aliénation. Lorsque l'administration de la succession ou de la communauté a de l'urgence, nous venons de voir comment la justice y pourvoit. Et puis, le partage provisionnel ne dispensant pas du partage définitif, ce sont doubles frais. Nous avons eu l'exemple d'un acte provisionnel établi entre des cohéritiers majeurs et le père tuteur de deux cohéritiers mineurs non émancipés, pour lesquels il avait contracté sans être même autorisé par le conseil de famille. Dans la liquidation ultérieure, on reconnaissait la nullité de l'acte, mais trop tard ; il n'avait servi qu'à procurer au tuteur le moyen de causer un préjudice irréparable aux intérêts de ses pupilles. C'est une faute lourde de la part du tuteur que de concourir à un pareil acte [1].

IV. — Demande en partage.

35. La loi voulant que tout partage qui concerne des incapables soit fait en justice (art. 480 C. Nap.), la demande en compte, liquidation et partage doit être formée avec les conditions de régularité prescrites.

[1] Il ne faut pas conclure de ces réflexions qu'il ne puisse pas s'opérer deux partages successifs, le premier *partiel* et l'autre *supplémentaire*, car ceux-ci sont définitifs s'ils sont accompagnés des formalités voulues. V. *infrà*, p. 55.

On s'accorde à reconnaître, en effet, que le partage de toute communauté ou succession, même mobilière, équivaut à une sorte d'aliénation [1]. Malgré la fiction admise par l'article 883, les copartageants s'abandonnent réciproquement, par cet acte, la part que le principe absolu de l'article 826 attribue à chacun d'eux sur tous les objets indivis. Il fallait donc que la demande en partage fût entourée de sérieuses garanties, dans l'intérêt de tous les copartageants.

Il convient de donner quelques explications.

36. L'article 817 du Code Napoléon, qui reproduit la disposition des articles 465 et 509, porte : « L'action en partage, à l'égard des co-« héritiers mineurs ou interdits [2], peut être « exercée par leurs tuteurs spécialement auto-« risés par un conseil de famille. »

Les articles 465 et 817 ne parlant que des mineurs en tutelle, le mineur émancipé n'a pas

---

[1] Arrêt de Rouen, du 2 janvier 1841 ; Sirey, vol. XLI, 2, 217, et D. P., vol. XLI, 2, 146.

[2] Les enfants naturels sont compris sous ces dénominations, pourvu qu'ils aient été légalement reconnus.

Voir Chabot, sur l'article 817 ; Toullier, t. IV, n° 408.

— L'individu qui a reçu un conseil judiciaire ne doit pas être considéré comme incapable, lorsqu'il procède dans le partage avec son assistance (art. 513 C. Nap.; Duranton, t. VII, n° 127 ; Carré, sur l'article 985 C. pr. civ.).

besoin de l'autorisation du conseil de famille pour agir : il suffit à ce mineur, qui touche à la capacité, d'être assisté par son curateur. L'article 482 autorise même le mineur émancipé à diriger ainsi toute action immobilière.

37. Que si le mineur non émancipé ou l'interdit a été provoqué au partage par la demande d'un cohéritier, ce qui est l'espèce la plus ordinaire, il est apte à y concourir avec la seule assistance de son tuteur et sans l'autorisation du conseil de famille (art. 465 et 509), parce qu'il n'y a plus à délibérer, pour lui, sur l'opportunité de l'action : il est contraint d'accepter l'instance.

38. Le curateur à une succession vacante est assimilé par le droit au mineur non émancipé; mais comme il n'a pas de conseil de famille, il agit ou défend en sa qualité, sous la surveillance du tribunal, qui apprécie le mérite de la demande en y statuant.

39. Nous ne parlons pas des femmes mariées cohéritières : aucune disposition de la loi, même sous le régime dotal, ne les répute incapables de concourir au partage judiciaire, lorsqu'elles sont majeures et agissent ou défendent avec l'autorisation de leurs maris. Si l'émolument de la femme commune en biens tombait dans la communauté légale, le mari pourrait procéder

seul au partage, comme chef et maître de la communauté (art. 1401 et 1421)[1].

40. L'article 817 s'occupe en second lieu des cohéritiers absents. « A l'égard des héritiers « absents, dit-il, en termes peut-être trop laco- « niques, l'action appartient aux parents envoyés « en possession. » Il ne parle pas des individus qui se trouvent momentanément absents de leur domicile et que l'on désigne avec plus d'exactitude sous la dénomination de *non présents*, mais des absents dans l'acception légale du mot. Or, l'absence légale comprend deux états distincts : la présomption d'absence, l'absence déclarée (art. 115 et suiv. C. Nap.).

41. A l'égard du présumé absent, il y a lieu de distinguer encore si la succession s'est ouverte avant sa disparition et ses dernières nouvelles, ou depuis. Dans le premier cas, l'article 113

---

[1] Si la femme refusait d'accepter une succession qui lui est échue, le mari, ayant intérêt à l'acceptation, pourrait accepter cette succession à ses risques personnels, sous bénéfice d'inventaire ou purement et simplement, et provoquer, sans le concours de sa femme, le partage des objets mobiliers et immobiliers même ne tombant pas dans la communauté, à raison du droit de jouissance qu'il a sur les fruits. V. Toullier, vol. IV, n° 318, et Pothier, *Succession*, p. 345. En ce sens, jugement de la 1re Chambre du tribunal du 3 juin 1858.

dispose : « qu'il peut être représenté dans les
« inventaires, comptes, *partages ou liquidations*
« où il est intéressé, par un notaire que le tri-
« bunal commet à la requête de la partie la plus
« diligente. » C'est donc alors le notaire qui
forme la demande ou y défend en cette qualité,
ainsi que le curateur à succession vacante. Dans
le second cas, le présumé absent est exclu par les
articles 120, 135 et 136 du droit de succéder
(qu'il vienne à la succession seul comme plus
proche parent, ou en concourant avec d'autres
cohéritiers égaux en degré avec lui), attendu
que la preuve qu'il a survécu au défunt n'est pas
rapportée. On lui applique la règle générale :
Incumbit onus probandi ei qui dicit. En un
mot, le présumé absent n'est ni mort ni vivant
aux yeux de la loi. Et conséquemment, il ne
saurait figurer au partage par un représentant
quelconque, mandataire, héritier, légataire ou
ayant droit, ni en demandant ni en défendant[1].

42. A l'égard de l'absent déclaré (art. 115 C.
Nap.), si ses héritiers et ayants droit se sont fait
envoyer en possession définitive de ses biens
(art. 129), ils le représentent complétement pour
demander le partage ou y défendre, même pour

---

[1] Chabot, sur l'article 817. V. *suprà*, p. 39; Toullier,
vol. 1, n° 476, 1re édit.

signer un acte de partage volontaire. Lorsqu'ils n'ont obtenu qu'un envoi en possession *provisoire* (art. 125 et suiv.), ce sont encore eux qui doivent diriger la demande ou y répondre, d'après l'article 817, mais à la charge que l'acte de partage ou la liquidation recevra l'homologation de la justice. L'envoi provisoire n'est dans leurs mains qu'un dépôt qui exclut le droit d'aliéner ou de transiger (art. 125 et 128).

43. L'article 817 et les développements ci-dessus donnés s'appliquent aux autres ayants droit incapables, ou donataires et légataires du défunt à titre universel [1], ou cessionnaires de l'un des cohéritiers en cas de non-exercice du retrait successoral (art. 841), et soit que la succession ou la communauté comprenne des immeubles, soit

---

[1] Les légataires à titre particulier ne sont pas parties nécessaires dans la liquidation. On y porte seulement, au passif, l'émolument de leur legs. V. *suprà*, p. 41.

— L'usufruitier légataire n'a donc qualité pour provoquer le partage qu'autant que son droit porte sur une quotité indivise, par exemple le quart, le tiers des biens, des meubles ou des immeubles.

— La présence d'un exécuteur testamentaire au partage n'exige pas l'intervention de la justice, si les légataires copartageants sont majeurs. Il puise dans le testament son droit de régler ou liquider les valeurs destinées à l'acquittement des legs et celui de faire apurer son compte de gestion.

qu'elle ne consiste qu'en valeurs mobilières, l'article 817 ne faisant pas de distinction.

44. Sont aussi réputés incapables les communes ou les établissements publics, appelés au partage comme donataires ou légataires, à titre universel, sans préjudice des autorisations administratives dont ils ont besoin, aux termes des lois spéciales.

45. Nous omettons quelques autres situations analogues, qu'on suppléera facilement. Telles sont les espèces où figurent un administrateur judiciaire, un liquidateur de société civile, un créancier exerçant les droits du cohéritier son débiteur, aux termes des articles 788 et 2205 du Code Napoléon. Il est toujours prudent, dans le doute sur la qualité, que les parties sollicitent une homologation judiciaire.

46. On a mis en doute si le failli, assisté de ses syndics, avant et après le contrat d'union, est un *incapable* dans le sens de la loi sur le partage et si, par suite, la liquidation où le failli est appelé à figurer doit être ordonnée et homologuée par le tribunal civil. Cette difficulté n'est pas sérieuse, suivant nous. En effet, le failli est dessaisi de l'administration de ses biens. Les syndics et les commissaires qui administrent pour lui et les créanciers ont, sans contredit, des pouvoirs de gestion plus étendus que ceux des mandataires

civils, mais en réalité ils ne font qu'administrer et le partage est une sorte d'aliénation, comme nous l'avons dit plus haut. Le failli ou ses syndics n'ont donc pas l'aptitude suffisante pour y procéder sans l'intervention de la justice. Il ne s'agit plus que de savoir quel sera le juge compétent. Or, le partage est assimilable à une transaction, et l'article 487 du Code de commerce lui-même déclare que la transaction faite par les syndics sur des droits immobiliers doit être homologuée par le tribunal civil (art. 487 C. com.). Le même article veut encore qu'elle soit homologuée, lorsqu'elle concerne des droits mobiliers dont la valeur est indéterminée ou excède 300 francs. S'il ajoute que l'homologation peut être prononcée par le tribunal de commerce, c'est que l'appréciation des valeurs et droits commerciaux appartient naturellement à ce tribunal. Dans la demande en partage, rien de commercial, lors même qu'elle est toute mobilière. Les questions ou appréciations qui doivent être résolues par le partage, sur la qualité des copartageants, les stipulations contractuelles, les donations, les rapports, etc., sont essentiellement du domaine de la juridiction civile. Aucune disposition du Code de commerce n'a dérogé à l'article 822 du Code Napoléon. Elle n'aurait pas pu le faire sans bouleverser l'ordre des juridictions.

47. On s'est encore demandé si, entre héritiers bénéficiaires, il faut que le partage ait lieu judiciairement pour qu'ils conservent le bénéfice de leur qualité. Nous adoptons la solution négative. En effet, la difficulté ne pourrait être élevée que par les créanciers de la succession, à l'égard desquels la précaution du bénéfice d'inventaire a été prise. Mais, aux termes du droit : 1° ils n'ont pas d'intérêt réel à ce que le partage s'effectue en justice, puisque les valeurs héréditaires restent leur gage, par l'effet de l'acceptation sous bénéfice d'inventaire, qui opère pour eux la séparation des patrimoines (art. 803 et 878); 2° si le partage amiable était consommé en fraude de leurs droits, ils seraient fondés à faire déclarer les copartageants déchus du bénéfice d'inventaire et héritiers purs et simples [1]. La même solution nous paraît s'appliquer *à fortiori* dans le cas où, parmi les héritiers copartageants, il s'en trouve un ou quelques-uns qui ont accepté bénéficiairement. Pour les liquidations qui intéressent un mineur ou un interdit, l'homologation n'est pas prescrite parce qu'on a accepté pour lui sous béné-

---

[1] Rolland de Villargues, v° PARTAGE JUDICIAIRE, n°s 14 et suivants, où il cite des autorités.

fice d'inventaire, mais à raison seulement de son incapacité personnelle.

48. L'action en partage doit être dirigée contre *tous* les cohéritiers ou ayants droit : cela est évident. Autrement, il n'y aurait pas partage complet et parfait. Le cohéritier omis aurait le droit de rejeter l'acte et d'en requérir un nouveau, avec dommages-intérêts suivant les circonstances : *res inter alios.*

49. Mais il n'est pas indispensable que la demande comprenne les créanciers d'un cohéritier opposants à partage [1], s'il en existe. Puisque l'article 882, en permettant aux créanciers d'un copartageant de former cette opposition, déclare que les opposants pourront intervenir au partage à leurs frais, il décide implicitement par là même qu'ils n'y seront point appelés aux frais de la succession ou de la communauté. Il suffit de leur dénoncer cette demande par un acte extrajudiciaire, pour les mettre à portée d'effectuer leur intervention, s'ils la jugent utile [2].

Le cessionnaire du copartageant est assimilé

[1] Le créancier de la succession n'a pas besoin de former opposition, parce qu'il peut conserver son gage en demandant la séparation des patrimoines (art. 878).

[2] V. la note qui suit.

à son créancier, quant au droit d'opposition [1].

50. La demande en compte, liquidation et partage est formée par une assignation donnée aux parties et non par une simple requête présentée au président, même lorsque l'on agit au nom de mineurs. L'article 59 du Code de procédure civile, n° 6, qui ne distingue pas entre l'es-

---

[1] Chabot, sur l'article 882; arrêt de Douai, du 11 janvier 1854; Sirey, vol. LIV, 2, 357. L'opposition à partage fait obstacle à ce que l'héritier débiteur cède sa part à un tiers. Arrêt de Paris, 19 janvier 1843; Sirey, vol. LI, 2, 143; et D. P., vol. XLIII, 4, 320. *Contrà*, arrêt de Douai, 24 mai 1850, même page de Sirey, et D. P., vol. LI, 2, 87.

— L'opposition à partage n'a d'efficacité qu'autant qu'elle a été signifiée à *tous* les héritiers, car si l'un d'eux ne l'a pas connue, le partage doit être maintenu à son égard parce qu'il a été de bonne foi, et, à l'égard des autres, parce que l'acte ne saurait être rescindé pour partie. V. les autorités citées dans le *Formulaire* de Clerc, p. 614, n° 42.

— On répute équivalente à une opposition à partage celle faite aux scellés, bien que non dénoncée aux autres cohéritiers, qui sont réputés avertis. Arrêt de cass. du 9 juillet 1858; Sirey, vol. XXXVIII, 1, 764, et D. P., vol. XXXVIII, 1, 272; — *idem*, la saisie immobilière transcrite, mais dénoncée à *tous* les héritiers. Arrêt de cass., du 11 novembre 1840, et D. P., vol. XLI, 1, 12; Sirey, vol. XLI, 1, 63.

— *Non*, une saisie-arrêt sur les valeurs de la succession. Cass., 24 janvier 1857; Sirey, vol. XXXVII, 1, 106, et D. P., vol. XLIX, 1, 82.

— *Non*, une inscription hypothécaire sur les immeubles de la succession. Rouen, 17 janvier 1849; Sirey, vol. L, 2, 23, et D. P., vol. L, 2, 97.

pèce des majeurs et celle des mineurs, exige l'assignation en termes exprès. Il pose la règle, et la demande sur requête n'est que l'exception. Toute exception doit être écrite dans la loi [1].

51. La demande est portée enfin devant le tribunal du lieu où la succession s'est ouverte, qu'il faille ou non liquider en même temps une communauté dissoute par le décès du *de cujus* (art. 822 et 1476 C. Nap.) [2]. Entre époux existants, la demande en liquidation de leur communauté se confond avec la demande à fin de séparation de biens ou de corps et de biens. Elle est introduite par la femme ou par le mari devant le tribunal du domicile de celui-ci (art. 59 C. pr. civ.). Le jugement qui prononce la séparation de biens ordonne aussi la liquidation.

[1] Chalpot, sur l'article 817 ; arrêt de Rouen, du 2 janvier 1841 ; Sirey, vol. XLI, 2, 117, et D. P., vol. XLI, 2, 146. V. aussi art. 838 C. Nap. ; C. pr. civ., art. 866 et 966 ; Thomine-Desmazures, t. II, n° 1152.

[2] Si deux demandes à fin de partage ont été introduites sans avoir été visées, l'antériorité se détermine par la date de l'exploit, encore qu'il y ait eu requête présentée par l'un des demandeurs (art. 967 C. pr. civ.). Arrêt de cass., sect. civ., 28 février 1840 ; Sirey, vol. XLIX, 1, 344, et D. P., vol. XLIX, 1, 119.

— V. *infrà*, p. 151, la question entre étrangers copartageants.

V. — Prise de qualité.

52. Elle résulte nécessairement pour l'héritier copartageant, majeur et capable, de la demande en compte, liquidation et partage qu'il a formée. Elle résulte aussi, pour le copartageant défendeur ayant la même capacité, des conclusions qu'il a fait signifier dans l'instance à fin d'acquiescer à la demande. Réclamer le partage ou le consentir, n'est-ce pas s'approprier le droit qui peut lui revenir sur les biens à partager. Par ces actes de procédure, l'un et l'autre sont censés avoir accepté purement et simplement la succession, s'ils n'ont pas commencé par faire au greffe la déclaration qu'ils entendaient ne se porter qu'héritiers sous bénéfice d'inventaire. Ils ont encouru l'application de l'article 778 du Code Napoléon, parce qu'ils ont fait cet *acte* dont il parle et qui suppose leur intention tacite d'accepter comme héritiers purs et simples [1].

53. Mais, pour les mineurs ou les interdits, cohéritiers ou légataires, mineurs émancipés ou non, c'est autre chose. Leur acceptation ne sau-

---

[1] Disons, en passant, que les avoués des parties doivent réfléchir à cette conséquence rigoureuse et examiner avec soin, avant de conclure pour elles, les résultats possibles de la liquidation.

rait être que bénéficiaire, d'après la loi (art. 461, 484, 509 et 793). Il faut qu'elle précède la demande lorsqu'ils l'ont introduite, ou qu'elle la suive immédiatement lorsqu'ils y répondent. La liquidation consommée avant cette prise de qualité deviendrait nulle, même à l'égard des parties majeures, si plus tard on renonçait au nom des incapables, en vertu des mêmes articles : ce qui ne serait pas le cas de l'abandon permis à l'héritier bénéficiaire pour s'affranchir des dettes. La justice ne peut pas admettre cette situation incertaine. Elle veut que ses jugements aient la fixité de la loi. Elle veut surtout qu'ils ne compromettent pas l'intérêt des justiciables. Cependant nous savons par l'expérience que beaucoup d'actes liquidatifs arrivent au tribunal, sans que l'acceptation bénéficiaire des incapables ait été régularisée [1], et il est contraint de surseoir à l'homologation jusqu'à l'accomplissement de la formalité : de là, des retards préjudiciables à toutes les parties. On a objecté que le tuteur ou le curateur ayant formé la demande en partage, ou y ayant acquiescé comme défendeur lors du jugement qui ordonne la liquidation, la qualité d'acceptant se trouve suffisamment fixée sur la

---

[1] Le premier jugement ayant omis de l'ordonner.

tête de l'incapable qu'il représente : c'est là une erreur manifeste. Le représentant n'a pas qualité pour prêter un tel consentement [1]. Rien ne remplace pour l'incapable la déclaration expresse d'acceptation bénéficiaire qui doit être réalisée en son nom, au greffe, avec les conditions exigées par la loi, et notamment avec l'autorisation du conseil de famille (art. 793 C. Nap.).

54. Il est vrai que, quelquefois, le tuteur de l'incapable se refuse à réunir le conseil de famille pour se faire autoriser à accepter bénéficiairement ou à renoncer, par le motif que l'incapable n'aurait pas un intérêt suffisant, s'il n'est appelé par exemple qu'à recueillir une nue-propriété ou une part minime de pleine propriété. Il s'abstient même de constituer un avoué sur la demande en partage, lorsqu'il est éloigné du tribunal et qu'il craint de débourser des frais extraordinaires. Quel parti prendra le demandeur, dont la poursuite est ainsi entravée ? Il a le droit de faire ordonner par le tribunal que le tuteur réalisera l'acceptation bénéficiaire ou la renonciation, dans un délai fixé, sinon qu'il subira personnellement une condamnation à des dommages-intérêts par

---

[1] Art. 457 et 484 C. Nap. V. les motifs de l'arrêt de cass. du 27 mars 1850 ; Sirey, vol. VL, 1, 369, et D. P., vol. L, 1, 123.

chaque jour de retard, et cet expédient a toujours réussi[1]. Le tribunal a même autorisé le poursuivant à accepter pour le mineur, dans une espèce où le conseil de famille avait déjà donné l'autorisation d'accepter[2]. La seconde solution ne nous paraît pas aussi régulière, car la loi dit que c'est le tuteur qui fait l'acceptation (art. 461 C. Nap.).

55. Le tuteur ne peut procéder pour le mineur comme *habile* à se porter héritier, que sur les mesures conservatoires ou provisoires[3]. La demande en liquidation, nous le répétons, est un acte qui tient essentiellement au définitif.

56. S'il s'agit de liquider, entre les deux époux ou entre l'un d'eux et les héritiers du prédécédé, une communauté de biens qui présente un déficit, le notaire exige rarement que la femme y renonce avant la clôture de la liquidation, alors même qu'il l'admet à exercer ses reprises sur l'actif de la communauté : nous supposons qu'il n'existe pas de créanciers opposants au partage. A cette manière de procéder, on a objecté que la renonciation doit être faite préalablement, parce que la condition de la femme ne saurait

---

[1] 2me Chambre.

[2] 1re Chambre, jugement du 26 décembre 1857.

[3] A moins d'une autorisation spéciale obtenue sur requête.

rester incertaine dans un acte qui a pour objet de régler et de solder ses droits matrimoniaux. Mais l'objection ne nous paraît pas fondée. En effet, le Code Napoléon n'oblige la femme à renoncer que vis-à-vis des créanciers de la communauté, si elle veut se soustraire à leurs poursuites (art. 1459). Entre elle et les héritiers du mari, il n'exprime point la même exigence. La femme n'exerce ici sur l'actif aucun prélèvement en qualité de commune. L'acte n'opère pas véritablement un partage. Elle exerce ses reprises comme créancière, le mari étant tenu de les lui payer même sur ses biens personnels [1]. Elle a intérêt, d'ailleurs, à ne pas renoncer, pour se réserver son droit à partage sur l'actif éventuel qui pourrait être découvert par la suite et constituer un bénéfice de communauté. Nous avons vu le tribunal juger ainsi plusieurs fois.

57. A plus forte raison, dans la même hypothèse, n'est-il pas nécessaire que la renonciation précède la demande à fin de liquidation de la communauté.

58. Mais la renonciation préalable de la femme serait forcée si, la communauté étant mauvaise, elle prétendait toucher le préciput qui

---

[1] Art. 1471 et 1472. V. *infrà*, p. 122, la question considérée au regard des créanciers.

lui aurait été promis par le contrat de mariage
« *en cas de renonciation.* » Alors ce préciput ne
constitue pas une reprise pour elle, mais un
avantage sur les biens propres de son mari, et la
renonciation est une condition *sine quâ non* de
cet avantage. Le cas se produit fréquemment,
parce que le plus grand nombre des contrats de
mariage contiennent une clause de préciput [1].

59. Si le préciput a été stipulé comme exerça-
ble *avant* partage de la communauté, ce qui veut
dire sur les biens de la communauté, il est clair
que la femme, même non renonçante, n'est pas
fondée à le réclamer, dès que la communauté se
trouve en déficit.

VI. — Délivrance de legs.

60. Pour les légataires copartageants il existe
un autre préliminaire indispensable. La loi veut
que tout légataire, majeur ou mineur, à titre
universel ou particulier, demande la délivrance
de son legs à qui de droit, sauf certaines exceptions (art. 1011 et 1014 C. Nap.). Néanmoins,
selon l'usage le plus général, le notaire fait figurer le légataire dans l'acte liquidatif, sans que
cette condition ait été remplie. Il pense que le

---

[1] Ainsi jugé, à notre connaissance (2ᵐᵉ Ch.).

jugement qui a prescrit la liquidation ou, en tout cas, le jugement qui viendra l'homologuer, suffit pour régulariser la qualité du légataire, parce que les intéressés auxquels la délivrance doit être demandée y ont été ou y seront parties. Il désire lui épargner les frais d'une instance distincte à fin de délivrance. Si les parties qui doivent consentir la délivrance sont majeures et capables, si le légataire a comparu et conclu à cette fin dans l'instance en liquidation, on pourrait admettre que le contrat judiciaire aura été ou sera tacitement formé quant à la délivrance, entre elles et lui. Mais, dans le cas contraire, l'irrégularité résultant du défaut de demande en délivrance subsiste. D'un autre côté, la loi ajoute que le légataire n'aura droit aux fruits de la chose léguée que du jour où il a sollicité la délivrance (art. 1005 et 1014), et, sans tenir compte de cette disposition restrictive, la liquidation lui accorde presque toujours la jouissance des legs à partir du *décès*. Or, c'est surtout la seconde concession qui, à notre sens, méconnaît le vœu de la loi. Il serait tout au plus permis d'allouer au légataire, et dans la première hypothèse seulement, les fruits du legs à partir de ses conclusions sur la demande du partage, en les considérant comme équivalentes à une demande reconventionnelle à fin de délivrance.

Que si ces conclusions ont tardé, si les fruits échus auparavant sont considérables, il nous paraît impossible que les fruits antérieurs profitent au légataire négligent. L'équité s'y oppose, aussi bien que le droit[1].

VII. — Jugement qui ordonne la liquidation.

61. Un autre préliminaire obligé est le jugement qui, en statuant sur la demande à fin de compte, liquidation et partage, vient ordonner la liquidation devant un notaire, soit de telle communauté ou de telle succession, soit des deux ou de plusieurs ensemble[2]. Il importe que les termes de la commission confiée au notaire soient clairement définis, parce qu'il ne saurait en sortir[3].

62. Lorsque la succession est composée de biens de diverses natures et d'une valeur importante, les parties ont le droit de demander, et le tribunal a le droit d'ordonner que deux partages ou liqui-

[1] V. infrà, p. 104, en ce qui concerne les legs particuliers.

[2] Il est certain que ce jugement n'engendre d'hypothèque au profit de qui que ce soit des copartageants. Arrêt de cass., 18 avril 1855; Sirey, vol. LV, 1, 561.

[3] V. infrà, p. 70 et 71. Le même jugement nomme le juge-commissaire; il porte que ce magistrat et le notaire, en cas d'empêchement, seront remplacés par le président du tribunal sur simple requête (art. 969 C. pr. civ.).

dations distincts auront lieu successivement : nous en avons eu des exemples. Ainsi, on partagera d'abord les valeurs mobilières disponibles dont la distribution est urgente, en ce que les parties veulent en faire un emploi productif ou les appliquer à leurs besoins, et, plus tard, on partagera soit les immeubles en nature, soit leur prix, s'ils ne sont pas immédiatement partageables ni réalisables. Le tribunal prend en considération dans ce cas l'état de la succession, la situation et l'intérêt des ayants droit. Le premier de ces partages, qu'il ne faut pas confondre avec les partages provisoires de l'article 840, se nomme *partiel*, l'autre *supplémentaire* [1], et tous deux sont définitifs, de même que le partage unique, lorsqu'ils sont accompagnés des formalités légales.

63. Le jugement ordonne quelquefois, en même temps, le compte de tutelle, qui est dû au défunt par l'un des héritiers, son père ou sa mère, ou par le défunt à l'un de ses enfants.

64. Et si les mesures provisoires nécessaires n'ont pas été requises jusque-là en référé, ainsi que nous l'avons dit [2], le jugement peut encore

---

[1] V. *suprà*, p. 34 ; arrêt de Paris du 3 juillet 1848, Sir., vol. XLVIII, 2, 395, et D. P., vol. XLVIII, 2, 142.

[2] V. *suprà*, p. 33 et 34.

y pourvoir, comme à la nomination d'un administrateur, à la vente d'un fonds de commerce, etc.
Le tribunal de la Seine limite ordinairement le
temps de l'administration à deux ou trois mois,
quand il la confie à un tiers [1].

65. Lors de la présentation de la demande au
tribunal, si l'une des parties soulève une question préjudicielle qui tient au fond du partage et
dont la solution exige des éclaircissements sur
les faits, ou qui peut être réglée par une conciliation, il convient que le tribunal renvoie cette
difficulté à la liquidation devant le notaire, en
réservant tous les droits. Mais si la demande contient un chef personnel au cohéritier défendeur,
par exemple, à fin de remboursement d'une somme
à lui prêtée par le demandeur, le tribunal disjoint ce chef ou le juge immédiatement, selon
que la question se trouve inéclaircie ou en état [2].
Nous citerons deux espèces plus graves.

66. Dans la première, le poursuivant avait de

---

[1] 1re Chambre. — De même, le président en référé ou sur
requête.

— Lorsque deux demandes en compte, iquidation et partage ont été formées par des cohéritiers différents, il est
d'usage que le tribunal prononce la subrogation dans la
poursuite au profit de celui qui ne l'obtient pas de droit
(art. 967 C. pr. civ.).

[2] V. *Infrà*, p. 152, sur l'homologation.

mandé qu'il fût procédé en même temps à la liquidation d'une succession et à la liquidation d'une communauté universelle de biens présents. Les résultats actifs de cette communauté qui s'était établie, aux termes de l'article 1836 du Code Napoléon, entre le défunt et sa sœur, devaient entrer pour moitié dans la masse héréditaire. Celle-ci était étrangère à la succession, mais appelée au partage. Le tribunal a décidé que les deux opérations auraient lieu simultanément, et la liquidation ainsi faite a été homologuée. La disposition du premier jugement avait-elle bien jugé? Oui, sans aucun doute, car l'opération collective qu'elle ordonnait était à la fois expéditive, économique et régulière, la liquidation de la société universelle constituant un élément homogène et accessoire de la liquidation principale. On ne devrait pas statuer de cette manière, si la trop grande complication des intérêts sociaux pouvait apporter des entraves à l'achèvement de la liquidation, et c'est ce que le tribunal apprécie lors du premier jugement. Par identité de motifs, nous admettrions le même mode de procéder s'il s'agissait de liquider, avec la liquidation principale, une société civile ordinaire contractée par le *de cujus* avec l'un des copartageants, selon les articles 1843 et suivants. Sur

ces questions, l'économie des frais et la promptitude d'expédition que l'on obtient par une seule
opération sont toujours des considérations puis-
santes aux yeux des magistrats.

67. Dans la deuxième espèce, la société était
commerciale, et le tribunal a refusé d'en ordonner la liquidation avec celle de la succession. Il
a eu encore raison, parce qu'autrement il aurait excédé sa compétence. La liquidation de
toute société commerciale appartient, de droit,
aux juges de commerce [1].

68. Le jugement qui ordonne la liquidation
avec ou sans licitation préalable n'est pas seulement interlocutoire, il est définitif, et nous
verrons la conséquence de ce caractère, quant à
la procédure à fin d'homologation. Il est définitif,
car il juge, sans avant faire droit, irrévocablement,
les deux choses demandées : 1° que l'indivision
doit cesser entre les parties ; 2° qu'elles sont bien
les seules ayants droit au partage ou à la liquidation ordonnée. Cette opération reste à faire, mais
il ne s'agit alors que de donner au jugement son
exécution.

69. Après ce que nous avons dit, n° V, sur la
prise de qualité, il suffit de rappeler ici que le

---

[1] Jugements rendus par la 2me Chambre.

tribunal doit exiger qu'elle soit régularisée par les parties avant la prononciation de son jugement qui ordonne la liquidation. Si un dispositif est présenté, comme il arrive le plus souvent, le ministère public ne manque pas de demander qu'on lui justifie de l'acceptation bénéficiaire faite pour l'incapable [1].

VIII. — Licitation préalable.

70. Lorsqu'il existe dans la masse un ou plusieurs immeubles non partageables en autant de lots qu'il y a d'héritiers ou au moins de souches copartageantes, on est obligé de liciter ces biens préalablement pour que le prix puisse leur en être distribué par l'acte liquidatif, et c'est encore le premier jugement qui ordonne, avec la liquidation, la licitation aux criées du tribunal ou devant un notaire (art. 827 C. Nap. et 970 C. pr. civ.) [2].

71. Nous croyons cependant que le tribunal a le droit de refuser la licitation si l'immeuble, reconnu impartageable en autant de lots qu'il y

[1] C'est la jurisprudence de toutes les Chambres du tribunal.

[2] Le tribunal de la Seine renvoie ordinairement la vente devant le notaire de la localité, lorsqu'il s'agit de biens ruraux qui n'ont pas une grande importance, ou d'immeubles trop éloignés de Paris.

a d'héritiers, peut entrer dans le lot de l'incapable ou dans celui d'un copartageant majeur (qui le demande), sans que les autres copartageants en éprouvent de préjudice. En effet, il est aujourd'hui admis [1] que, pour ce cas, la loi ne s'oppose point au partage d'immeubles *par attribution* (c'est ainsi qu'il s'appelle), pourvu qu'il soit accompagné des formalités prescrites par l'article 467 du Code Napoléon, à l'égard des transactions intéressant les mineurs. Une considération d'ordre public le recommande puissamment, c'est que la conservation des propriétés immobilières importe à la stabilité et au bien-être des familles. Il est réputé transactionnel, parce qu'il déroge au principe général de l'article 820 du Code Napoléon et que l'incapable ne peut y prêter ni consentement exprès, ni consentement tacite.

72. Dans les deux hypothèses, celle de lici-

---

[1] Chabot, sur les articles 838 et 854. La jurisprudence est constante, et nous y reviendrons en parlant des attributions mobilières. Nous avons eu nous-même l'occasion d'exprimer cet avis plusieurs fois, comme avocat consultant. Un arrêt de Caen, du 13 novembre 1845, est allé plus loin et a jugé que les formalités transactionnelles n'étaient pas nécessaires si l'un des copartageants a des droits *inégaux*. Sirey, vol. XLV, 2, 141; — *idem*, de Metz, 10 juin 1852, vol. LIV, 2, 276.

tation et celle de partage par attribution, il y a nécessité que l'indivisibilité et la valeur de l'immeuble soient constatées préalablement par un ou trois experts, à moins que le tribunal ne juge l'expertise inutile sur les deux points en présence des documents dont il lui est justifié. Il fixe la mise à prix pour la vente ou l'estimation pour le partage (art. 970 C. pr. civ. rectifié par la loi du 2 juin 1841).

73. L'article 963 du Code de procédure rectifié porte que « si la mise à prix n'est pas cou-
« verte par une enchère au jour indiqué pour l'ad-
« judication, le tribunal pourra, sur simple re-
« quête en la Chambre du conseil, ordonner que
« l'adjudication aura lieu au-dessous de la mise à
« prix. » Par argument de l'article 969 du même Code, ainsi que pour le remplacement du notaire ou du juge commis dans le partage, le président du tribunal a-t-il le droit d'autoriser l'adjudication au-dessous et de fixer lui-même la nouvelle mise à prix par une ordonnance sur requête? Il résulterait de cet expédient, sans contredit, une économie de frais assez importante, puisqu'un jugement ne serait plus nécessaire. Mais la solution affirmative ne nous paraît pas possible : 1° l'article 953 s'y oppose formellement, dès qu'il attribue juridiction au tribunal

et non au président du tribunal pour autoriser la vente au-dessous de la mise à prix, dès qu'il veut qu'un jugement soit rendu et non une simple ordonnance; 2° le jugement, quoique émané de la Chambre du conseil, admet l'appel des parties d'après le principe du droit commun; au contraire, l'ordonnance ne serait pas sujette à appel d'après l'article 969 qui le repousse en termes positifs; 3° enfin, le remplacement du notaire ou du juge-commissaire n'est qu'une mesure préparatoire, le tribunal devant statuer ultérieurement sur l'état liquidatif et sur le rapport: l'autorisation de l'adjudication au-dessous de la mise à prix et la détermination d'une nouvelle mise à prix sont une décision définitive, puisqu'elle va consommer la vente. Il n'est pas permis d'intervertir l'ordre et le privilège des juridictions. Si la loi du 2 juin 1841 a pour objet de simplifier les procédures de vente qui intéressent les mineurs, on ne saurait, par voie d'interprétation, faire plus qu'elle n'a fait elle-même par une disposition expresse.

74. Le poursuivant aurait-il le droit de demander et le tribunal celui de déclarer, en ordonnant la licitation, que, dans le cas où l'adjudication n'aurait pas lieu à défaut d'enchères, la vente pourrait être consommée au-dessous de la

mise à prix, sauf l'observation du délai et des conditions voulues par l'article 963? Pas davantage. Il y aurait, à la vérité, un jugement du tribunal qui autoriserait la vente au-dessous; mais, comme dans la précédente hypothèse, il statuerait encore hors du cas prévu par la loi, et prématurément il ne pourrait pas même statuer en connaissance de cause. En effet, lorsque, dans les cas ordinaires, le poursuivant vient demander la vente au-dessous de la mise à prix, les parties colicitantes sont reçues à s'y opposer, en prouvant que les circonstances nouvelles ne sont pas favorables et qu'il vaut mieux attendre un temps plus opportun. Elles sont fondées à discuter la nouvelle mise à prix proposée par lui. Mais au jour du premier jugement, ces deux exceptions ne sont ni discutables, ni proposables par avance. Inutile d'ajouter que le droit d'appeler du deuxième chef du jugement serait illusoire pour les colicitants, car, s'ils exécutent la première disposition, ils se rendront non recevables à appeler de la seconde. Appelleront-ils de celle-ci aussitôt le jugement rendu, on leur répondra qu'ils ne savent pas si elle leur portera préjudice, tant que la tentative de vente n'a pas été faite.

75. Au cas de licitation préalable, la prise de qualité au nom du mineur ou de l'interdit

est d'autant plus indispensable avant le jugement qui ordonne cette vente, que si une renonciation survenait pour lui après la vente, il n'y aurait pas eu de transmission légale de propriété au profit du tiers acquéreur.

§ 2.

ÉTAT LIQUIDATIF[1].

76. Nous avons déjà dit que la loi ne lui assigne pas de formes spéciales, mais elle subor-

[1] Nous ne nous occuperons pas des partages *purement* immobiliers qui, se traduisant en lots avec ou sans soulte, n'offrent pas les mêmes difficultés. Ils sont d'ailleurs fort rares, du moins à Paris, où les fortunes se composent surtout de valeurs mobilières. Les lots, formés par des experts, sont tirés au sort devant le juge-commissaire ou devant le notaire commis, après que l'expertise a été entérinée par le tribunal (art. 834 C. Nap., et 975 C. pr. civ.). Toutes les autres formalités et conditions qui intéressent les incapables doivent être rigoureusement accomplies. Ce que nous en avons dit est, bien entendu, applicable à cette espèce de partage.

— Il existait une disposition fort singulière dans quelques coutumes, comme en Anjou : c'était l'aîné qui faisait les lots et les cadets choisissaient. On croyait que ce droit de choix était le plus sûr moyen pour assurer une juste estimation et, partant, l'égalité du partage. Lapeyrère, Lettre 2, nᵒˢ 7 et autres. V. *Manuel* de Clerc, vol. I, p. 621 et suiv.

donne sa régularité à certaines conditions essentielles qui tiennent à son objet et à son caractère : on se rappelle qu'il est transmissif de propriété et authentique. Il s'agit à présent d'analyser ces conditions.

77. L'état liquidatif doit comprendre dans un ordre logique et, si l'on veut, sous des chapitres distincts, selon l'importance de l'opération :

1° Les qualités des parties ;

2° Les éléments organiques du partage, sous la forme d'*Observations* ;

3° La formation et la balance des masses actives et passives ;

4° La fixation des droits respectifs des parties ;

5° Les attributions faites à chacune d'elles ;

6° Les clauses générales de l'acte ;

7° Le procès-verbal de sa clôture.

Telle est la méthode généralement adoptée à Paris.

78. Les notaires ne sont pas tenus d'ouvrir la liquidation par un procès-verbal particulier, et ils s'en abstiennent dans la pratique avec raison [1].

---

[1] Le *Formulaire des notaires* semble conseiller cet acte, vol. I, p. 615.

— Il était reçu à Paris, il y a quelques années, que le poursuivant s'adressât au juge-commissaire pour faire renvoyer par lui la liquidation devant le notaire, et il était dressé un

Les parties sont prévenues par le jugement qui ordonne cette liquidation, que le notaire va la préparer. S'il y a des créanciers opposants à partage, ils ont été avertis par la dénonciation de la demande en partage[1]; ils ont dû s'enquérir de ce jugement et en suivre l'exécution. Un procès-verbal d'ouverture est donc inutile. On conçoit toutefois que si le notaire apportait à son travail des retards non motivés, les parties auraient le droit de le mettre en demeure et, au besoin, de se pourvoir pour obtenir la nomination d'un autre notaire[2].

79. Nous devons ajouter, en rappelant nos observations antérieures[3], que le notaire, étant délégué par la justice, devient maître de la préparation de l'acte liquidatif sous sa responsabilité personnelle. S'il peut se faire renseigner par les parties pendant le cours de son travail, elles n'ont pas droit de le contraindre à y insérer des dires exposant les motifs de leurs réclamations, elles ont seulement la faculté de lui remettre les pièces et documents

procès-verbal constatant le renvoi. Cette formalité, non prescrite par la loi, a été supprimée. Aujourd'hui, le notaire est directement saisi par la remise du jugement et des pièces.

[1] V. *suprà*, p. 45.

[2] V. *suprà*, p. 24 et 55.

[3] V. *suprà*, p. 22 et 67.

qu'elles croient utiles à l'appui [1]. Leur prétention persiste-t-elle, il est tenu de la consigner, comme difficulté, dans le procès-verbal séparé dont il a été question plus haut [2]; et alors, ou il surseoit à son opération jusqu'à ce que le tribunal ait décidé l'incident; ou bien il passe outre quand la difficulté n'est que secondaire et peut être jointe à l'examen du fond. Dans les deux cas, il exprimera son avis sur le fait et sur le droit pour faciliter le jugement homologatif.

80. L'article 836, qui résume le principe des articles 743 et 831, porte que « les règles établies « pour la division des masses à partager sont « également observées dans la subdivision à faire « entre les souches copartageantes. » A prendre ce texte à la lettre, il semblerait en résulter qu'il faut dresser autant d'actes liquidatifs qu'il y a de divisions et de subdivisions nécessaires pour consommer le partage selon le droit de chacun des copartageants. Mais la loi ne comporte point cette exigence. On ne doit procéder ainsi, dans la bonne pratique, que lorsqu'une seule et

----

[1] Arrêt d'Amiens, du 11 décembre 1830. V. le *Répert. gén.* de Dalloz, v° SUCCESSION, p. 491. On y cite une consultation délibérée en ce sens par MM. Delacroix-Frainville et Dupin aîné.

[2] V. *suprà*, p. 9, et *infrà*, p. 138.

même opération se trouve tout à fait impossible.

Espèce. Le défunt laisse pour héritiers sept personnes, savoir : Jean, premier fils, venant de son chef ; deux enfants de Jacques, deuxième fils, prédécédé et représenté par eux ; quatre enfants d'Antoine, troisième fils, aussi prédécédé et représenté par eux. Il y a là une tête d'héritier et deux souches. D'après la règle tracée par les articles susénoncés, il faudrait faire un premier partage en trois lots, un pour chaque tête ou souche, puis un deuxième acte pour diviser en deux parts le lot de la souche Jacques, et un troisième acte pour partager celui de la souche Antoine en quatre parts. On conçoit que cette règle soit exécutée dans la première période, s'il y a des immeubles partageables et assez importants pour composer trois lots égaux. Mais, dans la seconde période, il est fort rare que le lot échu à chacune des deux souches, à la dernière surtout, puisse être divisé lui-même en deux et en quatre autres parts. On vend alors sur licitation préalable les biens échus à la souche, et un deuxième acte de partage ou de liquidation doit avoir lieu entre les parties de cette souche. Le plus souvent, ou bien les immeubles advenus à la souche sont maintenus dans l'indivision (ce qui arrive notamment lorsque les ayants droit sont mineurs), ou bien cette licitation générale se fait avant même le premier partage, et dans ce cas, comme dans celui où toutes les valeurs de la succession sont mobilières, on procède à l'opération entière par un acte unique, sauf à établir la fixation des droits et les abandonnements par têtes et par souches. C'est ce que les qualités indiqueront dès le début de l'acte liquidatif.

Chaque souche peut même se subdiviser en plusieurs branches particulières. Ainsi, chaque enfant, issu de la même souche, forme avec ses *descendants* une branche, et chaque enfant, issu de la même branche, forme avec ses descendants une autre branche distincte. Ces deux hypothèses, beaucoup plus rares encore que la première [1], démontrent d'autant plus la convenance d'une seule opération au moyen de la réalisation préalable des valeurs immobilières.

A Paris, nous nous plaisons à le reconnaître, le mode de procéder est toujours conforme en ce point à l'intérêt bien entendu des parties co-partageantes.

— Nous verrons, au surplus, qu'après la confection de l'acte liquidatif, les parties sont appelées pour en recevoir la lecture.

---

[1] Nous avons vu des actes liquidatifs où les parts se fractionnaient en *trois centièmes*.

I. — Qualités des parties.

81. Les qualités dont nous avons parlé à l'occasion des préliminaires sont reprises au commencement de l'état liquidatif et en forment la base première, car la fixation des droits et les attributions qui doivent le terminer s'établiront d'après elles. Voici comment ces qualités doivent être exprimées dans l'acte même [1] :

82. Si elles ont été formulées avec exactitude dans la demande à fin de liquidation ou dans le jugement qui l'ordonne, elles sont reprises identiquement par le notaire, après qu'il les a vérifiées, et il n'a plus qu'à déterminer, selon le degré de successibilité ou le titre gratuit des copartageants, la quotité pour laquelle chacun d'eux va figurer dans l'acte, comme héritier de son chef ou venant par représentation et faisant partie d'une souche ou d'une branche [2], comme donataire ou légataire [3].

83. A défaut d'énonciation suffisante des qualités dans la demande ou le jugement, ou bien si

[1] V. *suprà*, p. 48 et suiv.
[2] V. Chabot, sur l'article 831.
[3] Nous avons dit, *suprà*, p. 41, à la note, que les donataires ou légataires à titre particulier ne sont pas parties obligées dans l'acte liquidatif.

elles ont subi quelque changement accessoire depuis le jugement, le notaire opère les redressements nécessaires. Exemples : lorsqu'un premier tuteur a été remplacé, le nouveau tuteur sera désigné dans l'acte; lorsqu'une fille héritière s'est mariée, le mari y figurera pour l'assister, etc. Mais, au cas de décès de l'un des copartageants, il s'agirait de liquider une succession nouvelle, et le notaire n'aurait plus de mandat suffisant [1]. Il est d'usage alors, si les nouveaux héritiers sont parties dans l'opération commencée, que le poursuivant sollicite un deuxième jugement pour faire étendre sa mission primitive.

84. La vérification des qualités exige parfois de l'officier public un travail minutieux et difficile. Ainsi une succession collatérale appelant de nombreux héritiers, il est obligé de débrouiller leur généalogie sur le vu des actes de naissance et des contrats de mariage, il subdivise ensuite leurs droits en fractions, aussi minimes que le comporte le nombre des parties prenantes. Au fond, rencontre-t-il des questions qui touchent à leur filiation, à leur régime matrimonial, à des donations, à des testaments, etc., il remplit son office d'arbitre et résout les difficultés par forme d'avis, en appli-

---

[1] V. *suprà*, p. 55.

quant les actes et la loi, à moins qu'elles n'aient été
décidées à l'avance par un jugement. On conçoit en
effet que les parties ont intérêt à se pourvoir pour
prévenir les doutes et simplifier l'opération. Ainsi,
un légataire prétend figurer dans la liquidation,
lorsqu'il ne vient qu'après une donation contrac-
tuelle qui a épuisé la quotité disponible. Pour apprécier l'inanité de son titre, il n'est besoin de se
livrer à aucune vérification de faits ou de chiffres.
C'est donc le cas de faire juger immédiatement par
le tribunal que ce prétendant ne paraîtra point
dans l'acte liquidatif, son legs étant caduc et
comme non avenu [1].

Les espèces analogues sont fréquentes. Nous
en citerons deux autres jugées à notre connaissance :

85. Dans la première, un individu présumé
absent serait venu à la succession d'après son degré de parenté. Mais cette hoirie s'était ouverte
depuis la présomption d'absence. Le notaire l'a
écarté, en appelant les héritiers du degré subsé-
quent par le motif exprimé plus haut et tiré des
articles 120, 135 et 136 [2], c'est-à-dire parce
qu'il n'était pas prouvé qu'il eût survécu au défunt, et le tribunal (2ᵐᵉ Ch.) a justement confirmé

---

[1] Ainsi jugé; 1ʳᵉ Chambre, novembre 1857.
[2] V. *suprà*, p. 39.

cette solution. La même décision a été rendue par la 1re Chambre, bien que l'exclusion frappât sur le fils unique du défunt et fît passer la succession à de nombreux collatéraux contre lesquels, en reparaissant, il n'aurait à exercer qu'une répétition peut-être illusoire. La conséquence du principe est rigoureuse, sans contredit; mais la propriété ne saurait rester incertaine.

86. Dans l'autre espèce, au contraire, le notaire avait cru devoir procéder à la liquidation d'une succession entre le mari se disant légataire universel de sa femme *de cujus* en usufruit, et, d'autre part, un notaire commis par ordonnance de référé « pour représenter des collatéraux « *inconnus* et *présumés absents* » qu'on supposait aptes à recueillir la nue-propriété. Ces prétendus héritiers n'étant pas connus, leur existence à l'instant du décès ne pouvait pas être constatée. Avaient-ils même jamais existé? Cependant, le notaire liquidateur leur conférait la nue-propriété, en attribuant l'usufruit au mari qui, par le même motif, n'avait obtenu ni pu obtenir la délivrance de son legs. Le tribunal [1] a refusé d'homologuer un acte aussi exorbitant, bien que, circonstance non moins singulière, le notaire commis pour

---

[1] Février 1857, 2me Chambre.

réprésenter les inconnus à l'inventaire s'en fût rapporté à justice, sur la demande à fin d'homologation, c'est-à-dire y eût donné une sorte d'acquiescement.

87. Les notaires ne sont pas d'accord entre eux, sur le mode de faire représenter le mineur dans l'état liquidatif. Il importe qu'on soit fixé sur ce point de forme pour procéder régulièrement et rejeter de l'acte les personnages inutiles. Voici le vœu de la loi, suivant nous : lorsque le tuteur copartageant lui-même a des intérêts opposés à ceux de son pupille aussi copartageant, il n'y a pas lieu de faire nommer à ce dernier un tuteur ni un subrogé tuteur *ad hoc*, le subrogé tuteur actuel est son représentant de droit : l'article 420 du Code Napoléon le déclare en termes exprès [1]. La nomination d'un tuteur spécial n'est exigée que pour deux cas : 1° lorsque le père, administrateur légal de ses enfants, figure dans la liquidation en son nom personnel et en opposition d'intérêts avec eux, alors il n'y a ni tuteur ni subrogé tuteur en fonctions; 2° lorsque plusieurs mineurs y sont parties, ayant entre eux des intérêts opposés (art. 968 C. pr. civ.), par exemple : si l'un d'eux a été avantagé par le défunt relativement aux autres, ou

---

[1] Carré, sur l'article 963 C. pr. civ., quest. 2304, 8°.

s'il a des rapports à faire, s'ils sont de lits différents [1]. La mineure, émancipée de plein droit par le mariage, est représentée par son mari en vertu de la puissance maritale, qui absorbe à la fois la tutelle et la puissance paternelle (art. 476 C. Nap.) : il devient curateur à l'émancipation [2]. Est-il lui-même mineur, nous pensons que la femme doit avoir obtenu l'autorisation du juge (art. 224), ou l'obtenir lors du jugement d'homologation.

88. Bien que la représentation qui est irrégulière se trouve énoncée dans la procédure antérieure, dans la demande ou même le jugement qui a ordonné la liquidation, elle doit et peut être rectifiée par le notaire, parce qu'il est tenu, comme officier public, de donner à son acte la forme qui lui appartient spécialement : c'est là une des conditions essentielles dont nous avons parlé n° 76; et rien de contraire n'a été préjugé à cet égard par le jugement. La rectification est aussi per-

---

[1] Pour ce dernier cas, arrêt de cass., du 8 novembre 1816; *Journal des avoués*, 1815, p. 90.

[2] Arrêt de Bordeaux, du 25 janvier 1826 ; D., vol. XXVI, 2, 176, et D. P., vol. XXVI, 2, 97. — Il est clair que les mineurs autorisés à faire le commerce, et réputés majeurs pour les actes de commerce (art. 6 C. com.), restent dans les liens de l'incapacité d'âge par rapport au partage héréditaire.

mise par le principe d'actualité qui régit toute
espèce de procédure.

II. — Éléments organiques du partage.

89. Cette seconde partie de l'état liquidatif ré-
clame quelques développements, car elle a un double objet, également capital : celui de relater les
actes ou titres qui justifient les qualités prises
dans la première partie, celui de constater surtout
les actes et les faits qui doivent fournir les éléments essentiels pour la formation des masses active et passive de la communauté ou de la succession à liquider. Si la liquidation comprend à la
fois la communauté et la succession, ou plusieurs
communautés et successions, le notaire établira
les éléments de chaque masse, par distinction au
besoin. Il lui suffira ensuite de récapituler, dans la
troisième phase de son état liquidatif, les divers
articles de chaque masse au moyen d'une sorte de
tableau arithmétique.

90. L'exposition générale des actes et des faits
que doit présenter la deuxième période dont nous
allons nous occuper s'appliquera donc, selon
qu'il s'agira d'une communauté ou d'une succession, des deux ou de plusieurs ensemble, savoir :
au régime contractuel des époux, à leurs apports

respectifs, aux échutes qui leur sont advenues pendant le mariage en successions, donations ou legs, aux récompenses réciproques qu'ils peuvent se devoir, aux résultats de l'inventaire, aux comptes d'administration provisoire ou autres, à la vente préalable des meubles et immeubles, aux titres gratuits qui constituent ou augmentent l'émolument de l'une des parties copartageantes, en un mot, à tous les accidents qui engendrent un actif ou un passif pour chaque masse à régler.

91. Lorsque les parties ont les mêmes droits dans la communauté et la succession, ainsi que cela échet entre enfants de deux époux décédés, les deux masses peuvent être confondues en une seule, et il est d'usage que le notaire procède de la sorte pour simplifier l'opération [1].

92. C'est dans une série de paragraphes dits *Observations*, que les notaires ont accoutumé de formuler cette partie de leur acte. Nous acceptons volontiers le procédé, à moins qu'un simple préambule ne suffise pour faire connaître sommairement les éléments peu compliqués de la liquidation; mais nous avons des amendements à réclamer, parce qu'au lieu de s'attacher à une ré-

[1] Arrêt de Rouen, du 17 janvier 1849; Sirey, vol. L, 2, 23, et D. P., vol. L, 2, 97. — Dutruc, n° 444.

daction concise et claire, le rédacteur se jette trop souvent (nous ne disons pas toujours) dans ces détails et ces redondances que relève Toullier, qui grossissent inutilement le volume et ont l'inconvénient beaucoup plus grave de rendre l'état diffus, obscur pour le juge et inintelligible pour les parties. Nous signalons d'abord ce qui touche à la forme, sans vouloir rien exagérer.

93. On commence par transcrire en quelque façon le contrat de mariage, lorsqu'il est utile tout au plus (cet acte se trouvant au dossier) d'analyser très-succinctement les clauses relatives au régime, aux apports, aux avantages matrimoniaux.

94. A l'occasion d'une succession ou d'une libéralité advenue au défunt ou à son conjoint survivant et d'où ressort un actif ou une reprise, nous avons vu donner un long extrait de la liquidation antérieure et authentique qui a réglé et soldé cet émolument, comme si l'énonciation de l'acte et du chiffre ne suffisait point encore.

95. On ne se borne pas à reprendre dans l'inventaire (que le juge peut toujours vérifier, sur la minute au besoin) la mention des titres qui créent des articles d'actif et de passif, on le cite cote par cote, pièce par pièce : et c'est ce qu'on appelle en terme d'*étude* dépouiller l'inven-

taire [1]. Ainsi, par exemple, en parlant d'une maison, conquêt de communauté ou propre de l'un des époux, on citera la cote des titres, celle des locations, celle des états de lieux, celle des contributions, celle de l'assurance. A quoi bon tout cela? Il nous semble qu'en relevant l'article actif ou passif, on peut renvoyer par un mot, par un chiffre, à la cote qui le concerne, toutes les autres étant omises.

96. Si dans la communauté ou la succession d'un commerçant, des sommes à recouvrer contre de nombreux débiteurs ont été inventoriées, il est arrivé qu'on reproduisait chacune d'elles, quoiqu'une partie en eût été recouvrée depuis l'inventaire. Pourquoi ne pas chiffrer le total touché, sauf à rappeler les créances non recouvrées pour le besoin des attributions à faire.

97. Inutile, si des immeubles entrent dans la masse à partager, de leur dresser un établissement spécial de propriété, puisqu'il est écrit au titre d'acquisition et que ce titre sera remis au copartageant, qui les recueillera dans son lot.

98. Inutile enfin de relater, en cas de licitation préalable d'un immeuble commun, les clauses du cahier de charges : n'est-ce point as-

---

[1] Nous ne partageons donc pas l'avis de M. Clerc, qui approuve cet usage, p. 617.

sez d'indiquer le prix de l'adjudication, son payement, ou le délai pour ce payement.

99. Quant aux comptes d'administration provisoire, de tutelle ou d'exécution testamentaire,
il en est autrement. On conçoit qu'il convient de
les dresser avec détail, sans longueur toutefois,
puisqu'il ne s'agit plus d'une reproduction d'actes,
mais d'un élément tout nouveau.

100. Ces imperfections et d'autres du même
genre ne sont pas générales, nous le répétons.
Le rappel des cotes d'inventaire est la seule qui
paraisse tenir à un système adopté dans le notariat ; mais elles ont une grande gravité, parce
qu'elles emportent avec elles un dangereux exemple, parce qu'en dénaturant la forme de l'acte,
elles peuvent en compromettre la substance. Pro-
cèdent-elles d'un calcul ? En le pensant, on fe-
rait injure à l'officier public. Il sait, d'ailleurs, que
ses honoraires ne se mesurent pas à la grosseur du
volume de cet acte [1]. Le défaut de régularité vient,
qu'il nous soit permis de le dire, ou de l'inapti-
tude du clerc chargé du travail, ou de l'inatten-
tion qu'il y apporte, ou de sa déférence pour des
pratiques routinières. Il cessera du jour où le notaire le voudra sérieusement, c'est-à-dire, du

____
[1] V. *infrà*, p. 187, note.

jour où il reverra le travail avec soin (s'il ne peut pas l'exécuter lui-même), rejetant les vieilles formules, supprimant les détails superflus, résumant les actes relatés, ramenant l'ordre et la lumière partout : voilà pour la rédaction.

101. Au fond, nous avons déjà signalé sur quoi doivent porter les *Observations* ou constatations du notaire. Il ne nous est pas possible de tracer le détail des éléments liquidatifs, parce qu'ils varient selon chaque espèce. Nous dirons seulement qu'il s'agit ici de les établir tous par une application consciencieuse des actes et de la loi. Il n'y aurait pas de justice à reprocher des erreurs accidentelles en ce point. Il suffit donc de présenter des notions générales et d'adresser quelques recommandations. La loi ne prescrit pas d'ordre à suivre pour ce travail ; mais voici la méthode qui nous semble la plus logique.

102. Le premier objet des Observations est naturellement celui qui touche au régime des époux. Il convient de régler avant tout leurs reprises respectives s'ils sont mariés en communauté, cas le plus fréquent à Paris et dans les anciennes provinces coutumières. Le notaire doit le faire avec d'autant plus de soin, que des décisions contradictoires ont amené dans ces derniers temps des difficultés sérieuses à l'égard de la femme. Quel

que soit le mode de payement auquel elle ait droit
vis-à-vis des créanciers [1], acceptante ou renonçante (ce que nous examinerons en parlant des
attributions), il importe de constater d'abord l'importance des créances matrimoniales avec beaucoup d'exactitude, en distinguant deux situations.
1° S'il existe une exclusion de propres ou une société d'acquêts stipulée par le contrat de mariage,
ce qui constitue la communauté conventionnelle,
les reprises de la femme se composent, lors même
qu'elle renonce à la communauté, non-seulement
des créances et indemnités dont parle l'article
1470 du Code Napoléon, mais de son apport spé-
cifié dans le contrat de mariage et des biens mobiliers qu'elle a recueillis depuis. 2° Si la communauté est purement légale, les apports et les
échutes de la femme qui renonce périssent dans
le naufrage de la communauté (art. 1492), et ses
reprises se bornent à la réalisation des droits
mentionnés par l'article 1493.

103. Pour les deux autres régimes, la séparation de biens et le régime dotal, la femme reprend
sans difficulté tout ce qu'elle a apporté lors du
mariage et tout ce qui lui est échu après.

104. En second lieu, l'obligation du notaire

---

[1] V. *infrà*, p. 119 et suiv.

est de rechercher et de déterminer les indemnités ou récompenses que l'un et l'autre des époux peuvent devoir à la communauté pour les sommes que celle-ci a fournies dans leur intérêt particulier, par exemple, à l'effet d'acquitter des dettes qui leur étaient personnelles (art. 1437).

105. Viennent ensuite les rapports dont les époux ou tout autre copartageant est tenu envers l'hoirie, soit pour avantages reçus du défunt à titre gratuit, direct ou indirect, soit pour prêts ou avances faits, et cette tâche du liquidateur est encore délicate, car la matière des rapports se complique de nuances et de questions fort graves, dans l'examen desquelles il ne nous est pas permis d'entrer (art. 843 et suiv.) [1]. En matière de rapports, la grande raison de décider, c'est l'équité [2].

106. En quatrième et dernier ordre, arrive la constatation des autres éléments qui constituent le surplus de l'actif et du passif. Elle consiste simplement dans l'appréciation et l'application des titres et des faits se rattachant à l'hérédité vis-à-

---

[1] L'héritier bénéficiaire, comme l'héritier pur et simple, est soumis au rapport. —V. Dutruc, n°s 414 et suiv. Il cite un grand nombre d'espèces et d'autorités sur les rapports en général.

[2] *Hic titulus manifestam habet æquitatem.* L. 1, ff., *De collat. bon.*

vis des tiers, ses débiteurs ou ses créanciers. Et cette partie de l'opération acquiert plus ou moins de développement, suivant l'importance ou la complication des affaires laissées par le défunt.

107. Nous nous abstiendrons d'offrir des espèces sur ces divers points, pour ne pas trop nous étendre ; mais il en est une que nous voulons relever, attendu qu'elle se rencontre fort souvent. Un époux veuf, ayant des enfants d'un premier lit, se remarie sans contrat de mariage, et par conséquent en communauté légale. Il semble que, pour la liquidation de cette communauté, il ne soit pas utile de rechercher les valeurs mobilières qu'il possédait en se remariant, parce qu'étant devenues communes, elles se confondront nécessairement avec l'actif existant à la dissolution de la communauté. Nous croyons, au contraire, que ces valeurs doivent être constatées avec d'autant plus de précision, que le veuf se sera, sans doute, efforcé d'en dissimuler la consistance. Il est possible qu'en se mariant sans contrat et sans indication de son apport, il ait eu pour but de déguiser la donation qu'il voulait faire à l'autre conjoint, au préjudice des enfants de premier lit. Cette donation illicite existerait pour partie de l'apport dissimulé, si la moitié que le nouvel époux prendrait comme commun dans les valeurs

tombées en communauté excédait la portion disponible réglée par l'article 1098 du Code Napoléon, c'est-à-dire une part d'enfant légitime le moins prenant, ou le quart des biens au maximum (art. 1098 C. Nap.). Le mariage sans contrat est en réalité une convention tacite qui rentre dans celles prévues par l'article 1527 du même Code. Ainsi jugé par le tribunal (2me Ch.) [1].

108. Il y aurait un avantage indirect au détriment des enfants du second mariage, si le mobilier apporté par l'époux, remarié sans contrat, excédait la portion disponible de l'article 913. La raison est identique.

109. Quant au mode d'opérer, il suffit de dire que le notaire liquidateur exerce ici toute la plénitude de sa mission comme arbitre. Il explique le sens et la portée des dispositions gratuites, entre vifs ou testamentaires [2], la valeur et l'éten-

----

[1] M. Troplong, *Contrat de mariage*, n° 2214, pense même que les valeurs qui sont provenues à l'époux remarié pendant le second mariage, par l'effet de successions, donations ou legs mobiliers, peuvent également constituer la donation déguisée au préjudice des enfants du premier lit. — Lebrun, *Communauté*, p. 480, n° 1 ; Pothier, p. 482, n° 14, et Toullier, t. XIII, n° 290, adoptent l'opinion inverse.

[2] Dans une espèce récente, le notaire avait admis comme legs des dispositions *dictées* par la défunte à son neveu, héritier pour moitié. Malgré l'honorabilité de ces disposi-

due des actes à titre onéreux. Il apprécie notamment les actes qui constituent des avantages indirects sujets à rapport (art. 853 et 854), ceux qui établissent la dette des reprises entre époux et des récompenses envers la communauté, ceux qui peuvent engendrer une créance active au profit de la succession contre des tiers. Il fixe, d'après la consistance de cette succession et la condition des parties, l'allocation due à la veuve pour nourriture, logement et deuil (art. 1465, 1481 et 1570). En appliquant à toutes ces questions les principes du droit, il tiendra compte du fait qui se mêle à la plupart des difficultés : *Modica facti differentia unquam inducit juris diversitatem* [1]. Enfin, les considérations de famille et d'équité peuvent, dans une certaine mesure, exercer une juste influence sur son esprit. Ainsi, l'on conçoit que le père et la mère d'un mineur, leur copartageant, qui attend d'eux son éducation, son établissement et à leur mort un nouveau patrimoine,

tions, leur vraisemblance, l'importance de la succession et le consentement donné à leur exécution soit par lui, soit par la tutrice de la mineure héritière pour l'autre moitié, le tribunal, 1re Chambre, a refusé d'homologuer cette allocation à l'égard de celle-ci. La loi qui protège les mineurs n'autorise pas une pareille conccession. Jugement du 29 avril 1858.

[1] Loiseau, liv. II, ch. vii, n° 15.

ont droit, dans la composition des lots [1], à des égards et à des tempéraments que d'autres copartageants ne doivent pas obtenir : c'est ce que nous aurons occasion plus spécialement de démontrer sur des espèces analogues, en parlant des attributions [2].

110. En résumé, chaque Observation présentée expliquera son objet avec clarté et concision : *Pauca, sed multa.* Si le juge-commissaire a besoin de quelques développements, il se fera rapporter tous les actes mentionnés par le notaire, et l'on ne concevrait pas que celui-ci lui contestât ce droit : organe du tribunal, le juge participe de son autorité [3]. Il entendra encore les avoués et les parties, s'il le désire. En un mot, tous les moyens de vérification qu'il croira utiles pour éclairer sa conscience lui sont remis par la loi. Il voudra que son rapport puisse offrir au tribunal une édification complète.

[1] V. *infrà*, p. 173, l'arrêt de Nîmes cité à la note.

[2] V. *infrà*, p. 109 et suiv.

[3] Le cas d'un pareil refus s'est cependant rencontré, et le tribunal de la Seine, 1re Chambre, en a fait justice. Cet incident est peut-être unique : nous savons que MM. les notaires s'empressent de donner personnellement au juge-commissaire tous les renseignements qu'il croit à propos de leur demander.

III. — Formation et balance des masses active et passive.

111. Nous avons dit que cette autre phase de l'acte liquidatif devait découler en très-grande partie de la précédente, qui présente et rassemble les principaux éléments d'où ressortent l'actif et le passif appartenant à la communauté ou à la succession. Pour établir les masses active et passive, il ne reste plus en quelque sorte qu'à dresser un tableau récapitulatif des chiffres qui résultent des Observations, en y ajoutant les articles de détail qu'elles ne pouvaient pas comprendre. Puis viendra la balance qui, déduisant la masse passive de la masse active, donnera le chiffre *net* à partager entre tous les ayants droit : *Onera ad hœreditatem non pertinent.* Nous ne croyons pas, en effet, qu'il faille suivre constamment dans la pratique cette opinion de Chabot, exacte d'ailleurs au point de vue du droit : « On ne prélève pas sur « la masse générale, dit-il, art. 831, les dettes « de la succession. Aux termes de l'article 873, « chaque héritier en reste tenu pour sa part et « portion virile ; chacun d'eux doit donc avoir sa « part entière dans l'actif, sauf à payer sa part « des dettes, lorsqu'elles deviendront exigibles, « ou à s'arranger avec les créanciers pour les

« dettes échues. » Il est souvent plus utile pour les copartageants, pour les incapables surtout, d'opérer la déduction immédiate du passif, s'il est incontestable, exigible, ou prochainement exigible. Ils savent tous, au même moment, ce qui leur appartient, et ils n'ont plus à s'inquiéter de leur libération [1].

112. Si on liquide en même temps la communauté et la succession, la formation des deux masses et la balance auront lieu de la même manière pour chacune d'elles [2].

113. Il faut dire toutefois quelques mots sur la consistance de l'actif et du passif, pour qu'on puisse appliquer avec exactitude les résultats du précédent chapitre et les détails omis.

114. L'actif se compose naturellement de toutes les valeurs mobilières et immobilières qui appartiennent à la succession ou à la communauté, valeurs réalisées autant que possible par la vente ou le recouvrement, certaines ou douteuses, telles que meubles meublants, créances, fonds de commerce, maisons, terres, etc.

[1] Nous reviendrons sur le moyen d'exécuter le payement en parlant des abandonnements et des clauses générales, *infrà*, p. 172.

[2] Arrêt de cass. du 31 mars 1845 ; *Journal du Palais,* 1846, t. I, p. 616.

Sur ce point, trois observations seulement :

115. Il est évident que les rapports dus par tel ou tel des copartageants et les récompenses dues par l'un des époux à la communauté entrent comme créances, capital et intérêts, dans l'actif de la succession ou de la communauté.

116. Les rentes et les effets qui se négocient par le ministère d'agents de change sont évalués d'après les cours officiels de la Bourse, sans autre estimation.

117. On ajoute enfin à la masse active les fruits, en retranchant, pour le cas de communauté, le prorata de ceux échus avant la dissolution, les fruits s'acquérant jour par jour (art. 586 C. Nap.): *Fructus autem omnes augent hæreditatem, sive ante aditam hæreditatem, sive post accesserint*, L. 9, Cod., *Fam. ercisc.*, et L. 178, § 1, ff., *De verb. signif.*

118. La nature et la consistance du passif ne sont pas moins faciles à définir. Ce sont les dettes, legs particuliers et charges qui grèvent la communauté ou la succession à liquider, à quelque titre que ce soit, et avec intérêts, s'il y a lieu.

119. Les premiers articles du passif sont ordinairement formés par les reprises dues à chacun des deux époux, et il suffit de dire que, s'il s'agit de la liquidation d'une communauté, les

reprises dûment constatées soit par le contrat de mariage, soit par des actes ultérieurs, sont prélevées avant partage comme assimilées à un passif qui serait dû à des tiers. Ce sont celles dites *en argent*, savoir : pour un capital apporté en mariage par la femme et touché par le mari, pour un capital apporté par lui et employé aux affaires communes, pour les valeurs qui leur sont échues à tous deux pendant le mariage, pour les indemnités qu'ils peuvent se devoir respectivement à raison d'impenses [1].

120. On liquide les reprises de la femme avant celles du mari, parce qu'elle a le droit d'en être payée avant lui (art. 1471 et 1472).

121. On ne répute bénéfices de communauté ou net partageable, que ce qui reste après ces prélèvements respectifs et, bien entendu, après le payement des dettes envers les tiers.

122. Les reprises *en nature*, comme on les appelle, ne sont portées ni à l'actif, ni au passif. Lorsqu'il y a une exclusion de propres stipulée dans le contrat de mariage, ce sont les meubles meublants, les créances et valeurs apportés par l'un ou l'autre des époux et qui se retrouvent *in*

[1] En expliquant les attributions, nous parlerons des reprises de la femme au regard des créanciers de la communauté, s'ils sont opposants au partage.

specie dans les mains du mari, à la dissolution de la communauté. Ces objets sont remis à leur ancien propriétaire, en dehors du partage.

123. Nous avons vu comprendre dans le passif de la masse à partager (communauté ou succession) deux articles qui, à notre avis, ne doivent point y figurer.

124. 1° On porte 1,000 francs, par exemple, pour subvenir au payement de dettes dont l'existence *pourrait* être reconnue plus tard ; mais l'exactitude obligée de l'opération n'admet pas une pareille éventualité : c'est ici le cas d'appliquer l'opinion de Chabot[1] et de laisser à chacun des copartageants, selon le principe du droit général, l'obligation de payer après le partage, et en proportion de son émolument, les dettes qu'on n'aura pas découvertes avant. Pourquoi les prétendus créanciers n'ont-ils pas fait leurs diligences ? La réserve d'une portion d'actif pour payer des dettes possibles, outre qu'elle est anormale, donnerait à croire qu'il s'agit de satisfaire à des exigences secrètes et illégitimes.

125. 2° Quelquefois aussi on ajoute au passif une somme *fixe* pour honoraires que l'on an-

[1] V. *suprà*, p. 89.

nonce avoir été alloués par les parties à leurs avoués. Nous pensons que la loi rejette en termes exprès cette allocation. En effet, l'article 977 du Code de procédure civile porte que « si les par- « ties se font assister auprès du notaire d'un con- « seil, les honoraires de ce conseil *n'entreront point* « *dans les frais de partage et seront à leur charge.*» Et l'article 93, n° 33 du tarif, ajoute : « Les *va- « cations* devant le notaire n'entreront point dans « les frais de partage, elles ne pourront être répé- « tées que contre la partie qui a requis l'assis- « tance de l'avoué. » Il résulte, en outre, de ces textes, que les vacations dues sont subordonnées à l'appréciation du juge, parce que la taxe est la condition commune à tous les frais de justice. Il importe donc peu que l'allocation ait été faite dans l'acte liquidatif par toutes les parties ou par quelques-unes seulement. La loi a statué ainsi, dans l'intérêt des incapables, des femmes mariées et des tiers créanciers de la masse. Si les avoués se sont livrés à des travaux extraordinaires, ils ont droit, sans aucun doute, à des honoraires, mais en exerçant contre les parties l'action auto- risée par l'article 1999 du Code Napoléon et toujours contre elles individuellement. Le repré- sentant de l'incapable ne saurait avoir qualité pour consentir ces honoraires sur la masse contrairement à la loi [1]. Telle est la jurisprudence constante du tribunal de la Seine.

126. Au contraire, les frais de partage proprement dits, à savoir, ceux de l'inventaire et des autres préliminaires, ceux de la demande en partage et du premier jugement, de l'acte liquidatif et de son homologation entrent dans le passif commun [2], encore qu'ils aient été occasionnés, pour la plus grande partie, par l'incapacité de l'un des copartageants. Cette incapacité est réputée un cas de force majeure au regard de l'hoirie, et l'équité voulait qu'on appliquât à tous les intéressés la règle de droit d'après laquelle *la chose* supporte les frais [3].

127. Lorsque la liquidation embrasse deux masses distinctes, celle de la communauté et celle de la succession, il nous paraît juste que les frais de partage portent sur l'une et l'autre masse, puis-

[1] V. *suprà*, p. 11, et *infrà*, p. 153. Nous verrons si le tribunal peut au moins apprécier la quotité des honoraires, accessoirement à la liquidation, lors de la demande en homologation.

[2] V. Chabot, sur l'article 838.

[3] Cette règle a été admise sur l'observation de M. Tronchet; mais les frais qui tiennent à la justification de la qualité, tels que ceux de Conseil de famille et d'acceptation bénéficiaire sont dus et payés par l'incapable; ils sont vraiment en dehors du partage. V. ci-après, p. 137 et suiv.

qu'ils ont servi à les liquider toutes deux, et comme l'actif net de chacune d'elles est rarement le même, le notaire doit leur en faire une application proportionnelle. Or, cette manière de procéder n'est pas observée avec assez d'exactitude. Sans vouloir conseiller une solution mathématiquement exacte, posons la règle par deux exemples. L'actif des deux masses réunies est de 60,000 francs, avec quoi il y a lieu de payer : 1° les bénéfices de communauté, de 40,000 francs ; 2° les reprises des deux époux, de 20,000 francs, soit 10,000 francs pour chacun. Le survivant prendra dans l'actif 30,000 francs, dont 20,000 francs pour sa moitié dans la communauté, et 10,000 francs pour ses reprises. Une somme égale de 30,000 francs restera pour la succession de l'autre époux. Les frais seront donc à répartir par moitié entre la communauté et la succession. Si les reprises du survivant sont de 20,000 francs et celles du défunt nulles, la succession ne prélèvera que 20,000 francs ou le tiers des 60,000 francs, total de l'actif; par conséquent, le survivant qui aura le surplus, ou 40,000 francs, devra supporter les deux tiers des frais. Rien de plus simple que la répartition à faire dans ces termes, le résultat variera seulement selon les chiffres de l'actif et des parts.

A la vérité, l'article 810 du Code Napoléon porte que les frais de scellés, d'inventaire et de compte sont à la charge de la succession, mais nous pensons qu'il statue pour le cas où il s'agit uniquement de liquider la succession. Dans l'espèce où la communauté et la succession se liquident en même temps, il est certain, encore une fois, que ces frais profitent à l'une et à l'autre.

Dans l'usage le plus ordinaire, les notaires de Paris en font supporter les deux tiers par la communauté et un tiers par la succession, sans considérer la consistance de chacune d'elles[1]: nous n'admettons pas non plus cette pratique, qui devient arbitraire à défaut de base.

L'arbitrage des frais de liquidation est pourtant permis au notaire dans un cas. Lorsque la communauté est mauvaise et que le mari est prédécédé, sa succession les paye en totalité. Mais, s'il survit, la succession de la femme doit en supporter une partie, parce qu'elle en profite pour partie. Quelle sera, dans ce cas, la portion afférente au mari? L'actif de la communauté étant absorbé par les dettes, nous pensons que cette portion ne peut plus être fixée que par l'appré-

____
[1] *Manuel,* de Clerc, vol. I, p. 639.

ciation du travail liquidatif dont elle a été spécialement l'objet.

128. Il n'y a pas lieu à répartition des frais, cela est évident, si les parties ont les mêmes droits dans la communauté et la succession à liquider, comme il arrive pour les enfants héritiers des deux époux décédés. Nous avons dit plus haut qu'en pareil cas, le notaire confond presque toujours les deux masses dans sa liquidation.

129. Une répartition des frais est encore nécessaire, mais d'après une autre base, lorsque l'un des intéressés exerce sur l'actif liquidé soit de communauté, soit de succession, un droit d'usufruit. Cet avantage peut, du moins en général, équivaloir à la moitié d'une pleine propriété, d'après l'appréciation de la loi elle-même (art. 1094 C. Nap.)[1]. C'est d'après cette proportion que l'usufruitier payera sa part dans les frais.

130. Le notaire doit aussi porter au passif de la succession les dépenses du logement, de la nourriture et du deuil alloués à la veuve par les articles 1465, 1481 et 1570, du Code Napoléon : tel est le procédé constant à Paris. Cependant il s'est élevé une difficulté récente relativement

---

[1] On a égard pourtant à l'âge de l'usufruitier. Dans l'ancien droit, l'évaluation de l'usufruit était très-variable. V. Toullier, t. III, p. 287, 1re édit.

au deuil. On ne conteste pas que le deuil (dont le notaire apprécie la valeur) puisse être compris dans le passif, mais on prétend que, si la veuve a la jouissance légale des biens de ses enfants mineurs ou de l'un d'eux, héritiers du mari, elle est obligée de supporter, *comme charge de cet usufruit*, la totalité de la somme dans le premier cas, ou, dans le deuxième, une quotité égale à la part héréditaire de l'enfant. On admet seulement qu'il suffit que la veuve s'acquitte de cette dette avec eux ar un remboursement fait à la cessation de l'usufruit ; mais c'est elle qui paye, en définitive. Une pareille opinion nous paraît être aussi contraire à la loi qu'à l'équité. En effet, on invoque, pour unique motif de décider, l'article 385 du Code Napoléon, portant qu'au nombre des charges de la jouissance légale sont les *frais funéraires* et ceux de dernière maladie, et l'on ajoute que le deuil de la veuve fait partie des frais funéraires. Les réponses sont péremptoires, selon nous. 1° L'article 385 ne parle pas du deuil, pas plus que des frais de nourriture et d'habitation, et il n'a pas voulu en parler, parce que si ces trois sortes de dépenses sont des conséquences de la mort du mari, elles sont déterminées par une considération personnelle à la veuve, tandis que les frais funéraires et de dernière maladie se rattachent spécialement à la personne du mari et à ses dépouilles mortelles. Cela est si vrai encore que le mari n'a pas droit au deuil contre la succession de sa femme. Si les vêtements de deuil coûtent moins cher pour lui que pour la veuve, il le fait porter comme elle par les serviteurs de leur maison. 2° L'article 1481 impose la dette du deuil de la veuve à la succession du mari dans les termes les plus formels, sans restriction rétrospective, ni rappel de l'article 385, qui étant lui-même clair et précis, ne saurait souffrir d'interprétation. 3° Cet article 385 n'aurait fait à la femme qu'un avantage périlleux dans beaucoup de circonstances, notamment, si la succession soumise à son usufruit est de peu de valeur, si l'usufruit vient à cesser quelques mois après son ouverture, lors des dix-huit ans de l'enfant ou par suite de son décès. Donc, ce qui est seulement juste et équitable, c'est qu'elle perde la portion d'usufruit représentée par le capital que le deuil aura coûté à la succession, c'est, en un mot, que l'on applique sans restriction l'article 1481, comme on le fait pour l'article 1570, sous le régime dotal.

Dans l'ancienne jurisprudence, le gardien bourgeois ou noble (l'usufruitier légal), étant tenu d'acquitter le capital des dettes *mobilières* de la

succession, à la décharge du mineur, la veuve
payait aussi le deuil : c'était la conséquence de
son obligation générale [1], et le droit coutumier a
été complétement modifié en cette matière.

On oppose trois arrêts [2], mais deux sont favorables à notre opinion en décidant « que la créance
du deuil doit jouir du privilége sur les meubles et
immeubles de la succession du mari débiteur, parce
que le deuil serait compris dans les *frais funéraires*
dont parlent les articles 2101, n° 2, et 2105 du
Code. » En effet, si, d'après cette assimilation dont
nous n'admettons pas l'exactitude, la veuve a obtenu le privilége, c'est qu'elle a été reconnue
créancière de la succession de son mari *personnellement*, aux termes de l'article 1481, c'est
qu'on a jugé implicitement qu'elle n'est tenue à
aucune restitution envers ses enfants héritiers,
en vertu de l'article 385 : *Suum recepit*. Autrement on lui aurait répondu par cette fin de non-
recevoir : « Vous agissez en réalité au nom de vos
enfants, or ils sont débiteurs et non créanciers
du deuil. »

131. Quelques notaires mettent les frais de

[1] Ferrière, *Diction. de droit*, v° GARDE, p. 642; Pothier,
De la garde noble et bourgeoise, p. 61.

[2] Agen, 28 août 1834; *Palais*, 1835, vol. III, p. 495;
D. P., vol. XXXV, 2, 152; Caen, 15 juillet 1836; Sirey,

dernière maladie à la charge de la communauté, le plus grand nombre les met à la charge de la succession : nous partageons l'avis de ceux-ci. Le seul motif allégué dans l'autre opinion consiste à dire que, la maladie ayant eu lieu avant la dissolution de la communauté, les frais de cette maladie sont une dette de communauté. Mais, dans le fait, la dernière maladie, c'est la mort, et, par conséquent, elle doit se confondre avec les frais funéraires. C'est aussi pourquoi les deux dispositions dont nous venons de parler, l'article 385 et l'article 2101, n°˙ 1 et 3, placent ces deux espèces de frais sur la même ligne, pour les faire supporter par la succession.

132. Nous dirons enfin, pour corollaire de notre troisième chapitre, que très-souvent la formation des masses active et passive se complique (c'est le mot vrai) par une opération secondaire qui consiste à séparer les valeurs mobilières et immobilières en capitaux qu'on appelle *fonds*, des intérêts ou revenus qu'elles ont produits et qu'on appelle *fruits*. On divise même quelquefois ceux-

vol. XXXVII, 2, 297, et D., P., vol. XXXVII, 2, 179 ; Douai, 22 juillet 1854 ; *Palais*, 1256, v. I, p. 300 ; D. P., v. LV, 2, 84. Dans l'espèce des deux premiers, il ne s'agit pas d'une veuve usufruitière légale. Les auteurs sont partagés. En notre faveur, nous citerons Merlin, *Répert. de jurispr.*, v° Deuil, et M. Troplong.

ci en plusieurs parties dites *colonnes* de fruits [1].
Voici pourquoi :

133. Dans l'actif, on doit diviser les fruits en colonnes toutes les fois que les copartageants ont un droit différent à la jouissance des fonds et par conséquent aux fruits qui en résultent, ou, en d'autres termes, lorsqu'elle doit commencer et finir pour ceux-ci à telle époque, pour ceux-là à telle autre époque. Il n'y a pas d'autre moyen pour [opérer ensuite l'attribution de ces fruits [2], selon le droit de chacun. Il est difficile, nous le reconnaissons, que le notaire rende cette partie de son travail très-claire et très-saisissable à la première lecture. Offrons quelques espèces : S'agit-il de liquider collectivement la communauté et la succession de l'époux prédécédé, les fruits échus et non recouvrés avant la dissolution de la communauté tomberont en totalité dans la communauté. Les fruits échus depuis appartiendront aux ayants droit dans l'une et l'autre masse. Dans la liquidation d'une succession, si la femme cohéritière, mariée sous le régime de la communauté, en a exclu les meubles qui pourraient lui échoir, la portion de fruits non recouvrée avant le décès du *de cujus* formera pour elle

---

[1] *Fructus autem omnes augent hæreditatem.*

[2] Les fruits s'acquièrent jour par jour (art. 586 C. Nap.).

un propre. Si un mineur, âgé de moins de dix-huit ans, figure comme cohéritier dans la liquidation, son père ou sa mère ayant la jouissance légale de ses biens percevra les fruits échus depuis le décès. La jouissance légale a-t-elle cessé avant le jour de la liquidation, les fruits courus depuis la cessation reviennent à l'enfant. Les fruits ne sont dus à l'usufruitier que du jour du décès, et, s'il est légataire, que du jour de la demande en délivrance qu'il a dû former. Les fruits antérieurs rentrent dans la masse, etc.

134. Pour le passif, la même distinction peut être nécessaire. Ainsi, lorsque l'acte liquide à la fois une communauté et une succession, les intérêts de la somme due par l'époux *de cujus*, en propre, se fractionnent en deux parties : ceux échus avant la dissolution de la communauté la regardent, ceux courus depuis concernent la succession.

135. Certaines charges frappent encore certains fruits spécialement, par exemple, ceux que recueille l'usufruitier ordinaire, ou le père ayant la jouissance légale [1].

136. Les legs particuliers dont les bénéficiaires, ainsi que nous l'avons vu, ne figurent pas

[1] V. art. 585, 603 et suiv. C. Nap.

dans la liquidation, ne peuvent être portés à la masse passive qu'autant que la délivrance de ces legs a été obtenue par un jugement ou consentie par cet acte et, pour les intérêts, à compter seulement du jour de la demande judiciaire ou du consentement donné. Nous en indiquons les motifs [1].

137. Soit qu'il y ait lieu ou non à la division des intérêts et fruits par colonnes, ils cessent d'être liquidés et compris dans l'actif ou le passif, à la date que le notaire fixera, dans le chapitre des *Clauses générales*, pour la mise en possession de chacune des parties [2].

IV. — Fixation des droits.

138. Elle ressort, en principe, de l'en-tête de l'acte liquidatif ou des qualités, en fait, des deux chapitres précédents, c'est-à-dire des Observations et de la formation des masses active et passive. Il ne reste donc plus qu'à établir une répartition chiffrée du *net* partageable entre tous les cointéressés, d'après les droits de chacun d'eux ; et à la part qui lui revient dans la communauté ou la succession s'ajoutent les reprises, créances et

[1] V. *infrà*, p. 129.
[2] V. *suprà*, p. 41 et 53.

avantages gratuits qui peuvent encore lui appartenir. .

139. Nous rappelons que, d'après l'article 836, les règles établies pour la division des masses à partager sont également observées dans la subdivision à faire entre les souches copartageantes. Ainsi, dans l'espèce posée n° 91, le partage s'opérant par le même acte entre un fils, deux enfants représentant le deuxième fils et quatre enfants représentant le troisième fils, les droits des copartageants seront divisés en seizièmes : dont huit pour le fils, deux pour chacun des deux enfants du second fils, et un seizième pour chacun des quatre autres enfants.

140. Si l'un des copartageants est chargé d'acquitter le passif exigible, comme on le fait le plus souvent, son émolument est accru d'autant[1].

V. — Attributions.

141. On appelle ainsi, ou bien, *abandonnements*, *fournissements*[2], l'opération finale qui consiste à assigner et à délivrer à chacun des copartageants une portion des valeurs actives parta-

---

[1] V. *suprà*, p. 89, et *infrà*, p. 134.

[2] Cette dernière dénomination est celle de la loi, art. 828 C. Nap.

geables en payement du droit qui lui appartient,
d'après la fixation faite. L'attribution avec délivrance se réalise soit en valeurs corporelles, telles
que deniers, meubles meublants et immeubles;
soit en valeurs incorporelles, telles que créances
ordinaires, rentes perpétuelles et effets publics ;
soit en compensation, si la partie prenante est
débitrice envers la masse d'un rapport ou d'une
récompense. ·

142. Lorsqu'un copartageant est chargé d'acquitter le passif dû à des tiers, on lui attribue des
deniers ou des valeurs immédiatement réalisables.

143. C'est surtout à l'exécution des attributions que s'appliquent les deux principes généraux que nous avons placés au commencement de
cette notice [1], et spécialement celui qui commande l'égalité la plus parfaite entre les parties.
Il ne suffit pas de diviser matériellement les biens
partageables dans la proportion du droit de chacun, il faut, par une appréciation première, les
diviser selon leur valeur véritable. L'article 826
du Code Napoléon porte que « chaque copar-
« tageant peut demander sa part en nature des
« meubles et immeubles de la succession, » ou,
en d'autres termes, qu'il a un droit égal à celui

---

[1] V. *suprà*, p. 16 et suiv.

de ses cointéressés sur chaque objet de l'actif. Voilà la règle générale prescrite au notaire liquidateur. Mais est-elle si absolue, qu'il ne puisse jamais s'en écarter. Nous ne le pensons pas, et déjà nous avons fait pressentir notre opinion sur ce point.

144. D'abord, la loi elle-même établit une exception dans les articles 832 et 833, en disant qu'il convient, autant que possible, de ne pas morceler les héritages dans la composition des lots, et que l'inégalité de ces lots se compense par un retour ou une soulte en rente ou en argent. Or, nous croyons que le motif de l'exception convient à un partage de valeurs totalement mobilières. La trop grande division des créances actives aurait presque toujours l'inconvénient grave d'en rendre le recouvrement par parties, et plus difficile et plus coûteux. Nous en avons vu l'exemple dans une liquidation qui comptait de nombreux copartageants, et le tribunal (1re Ch.) a dû, pour lever la difficulté, charger un mandataire commun de recouvrer chaque créance intégralement, sauf à répartir ensuite les sommes recouvrées entre eux, suivant l'attribution faite à chacun.

145. D'un autre côté, nous l'avons dit aussi, il ne peut pas être interdit au notaire de consulter, dans certaines limites, les considérations

d'équité. Pour être fait en justice, le partage ne cesse point de conserver le caractère d'un pacte de famille. Il suffit au vœu de la loi qu'il ne viole pas d'une manière sérieuse l'égalité entre les copartageants. C'est ce que la pratique du notariat et la jurisprudence du tribunal admettent sans difficulté : *Placuit in omnibus rebus præcipuum esse justitiæ, æquitatisque, quàm stricti juris rationem* [1].

Posons seulement deux hypothèses pour développer notre pensée :

146. 1° On comprend, sans aucun doute raisonnable, que, s'il existe dans l'actif à partager des placements tout faits et parfaitement solides, comme des rentes sur l'Etat ou des actions sur la Banque, il convient de les attribuer à l'incapable, d'après leur cours officiel, plutôt que de l'argent ou des créances ordinaires. Le plus grand intérêt de l'incapable le demande, et celui des copartageants n'en souffre point, lorsque les créances sont d'un recouvrement certain. La garantie des lots leur est, d'ailleurs, conservée pour le cas de non-recouvrement sans leur faute. Nous recommandons très-instamment au notaire cette première observation, l'espèce se présentant tous les

---

[1] L. 8, Code, *De judic.*

jours, Il doit surtout opérer de la sorte, lorsque le tuteur du mineur ne possède pas d'immeuble sur lequel puisse porter l'hypothèque légale de ce dernier.

147. 2° A Paris, les attributions des meubles meublants en nature sont aussi d'un usage fréquent. On abandonne d'ordinaire le mobilier au père, à la mère ou à l'époux survivant, pour un prix d'estimation. Nous nous sommes expliqué sur l'insuffisance de la prisée portée en l'inventaire [1], et nous supposons que l'évaluation a été ramenée au juste prix. Des arrêts se sont prononcés contre cet abandon [2], mais dans des circon-

[1] V. *suprà*, p. 29.

[2] Voici les motifs de l'arrêt de cassation, sect. civ., du 27 mars 1830 ; Sirey, vol. L, 1, 569 : « Attendu que la loi « n'a pas livré au pouvoir discrétionnaire des tribunaux « la forme et le mode des partages, et qu'au contraire, « dans le chapitre vi, livre III du Code Napoléon, elle a « prescrit des règles dont il n'est pas permis aux magis- « trats de s'écarter ; —Attendu que c'est ainsi, notamment, « qu'après avoir admis chacun des copartageants à deman- « der sa part en nature des biens meubles et immeubles de « la succession, l'article 826 veut que les meubles soient « vendus publiquement dans la forme ordinaire, s'il y a des « créanciers saisissants et opposants, ou si la majorité des « cohéritiers juge la vente nécessaire pour l'acquit des « dettes ; —Attendu qu'aucune loi n'autorise l'attribution « judiciaire à l'un des copartageants de tout ou partie du « mobilier d'après la prisée de l'inventaire... Casse, etc. » V. aussi D., P., vol. L, 1, 123.

stances particulières. Ils objectent eux-mêmes l'article 826, qui confère un droit égal à chaque copartageant sur chaque valeur dépendant de la masse, et l'article 452, d'après lequel les meubles meublants appartenant au mineur, à lui seul ou indivisément, sans distinction, doivent être vendus aux enchères, sauf deux exceptions étrangères à l'espèce (art. 452 et 453). Quelque graves que soient ces motifs de droit, la jurisprudence du tribunal de la Seine les écarte, sans même exiger l'emploi des formalités transactionnelles, que l'on a réputées nécessaires pour les partages immobiliers par attribution [1], et nous la croyons préférable à la doctrine des arrêts. La question nous paraît, en effet, dominée par l'intérêt de toutes les parties, et, pour cela seul, c'est le cas de rejeter l'application du *summum jus*. Il faut laisser aux juges le droit d'apprécier ce qui est le plus utile. Les frais de vente mobilière aux enchères sont toujours considérables. Les frais de transaction le sont encore plus. L'exigence des formalités transactionnelles pour le partage par attribution d'immeubles n'a été motivée que par la plus grande importance de cette espèce de propriété. Les meubles meublants peuvent avoir pour le chef de

____

[1] V. *suprà*, p. 61.

famille un prix d'affection. L'époux survivant, commun en biens, est de plus fondé à invoquer le droit de préférence et de prélèvement que lui donnent les articles 1471 et 1472. Nous pensons, enfin, que les arrêts contraires se sont surtout décidés par la considération du fait qui révélait une lésion pour les créanciers.

148. Mais il ne faut pas aller trop loin, car l'omnipotence accordée au magistrat qui est appelé à homologuer la proposition faite par le notaire aurait son danger [1]. C'est pourquoi le tribunal a ordonné la rectification de l'acte liquidatif dans les espèces suivantes [2] :

149. 1° Le père d'un mineur qui est intéressé avec lui dans la liquidation se trouve débiteur d'une récompense ou d'un rapport envers la com-

---

[1] « Dangereux instrument de la puissance du juge, hardie
« à former tous les jours des règles nouvelles, cette équité
« arbitraire se fait, s'il est permis de parler ainsi, une ba-
« lance particulière et un poids propre pour chaque cause.
« Si elle paraît quelquefois ingénieuse à pénétrer dans l'in-
« tention secrète du législateur, c'est moins pour la con-
« naître que pour l'éluder ; elle la sonde en ennemi captieux
« plutôt qu'en ministre fidèle ; elle combat la lettre par l'es-
« prit et l'esprit par la lettre ; et, au milieu de cette contra-
« diction apparente, la vérité échappe, la règle disparaît et
« le magistrat demeure le maître. » Mercuriales de d'Agues-
seau, *Sur l'autorité du magistrat.*

[2] 2me Chambre.

munauté ou la succession. Il demande que cette
dette soit attribuée au mineur et qu'on délivre,
à lui père, en payement de ses reprises ou de sa
part personnelle, une portion équivalente de
l'actif disponible. Il allègue que ce mode d'attribution est sans inconvénient, puisqu'étant tuteur
ou administrateur légal de son enfant, il a le
droit de toucher la valeur qui devra revenir à
celui-ci. Selon nous, il y a lieu de distinguer : si,
d'après la consistance de l'actif et en supposant
la dette du père compensée avec sa part héréditaire, il ne peut revenir au mineur qu'une somme
d'argent pour sa part, il importe peu que le père
tuteur ou administrateur légal touche cette somme
immédiatement, quand même il ne lui présente-
rait pas de fait ou de droit la garantie d'une hypothèque légale [1] : la condition de l'enfant ne sera
pas changée en réalité. Mais si la part de cet enfant peut lui être délivrée en valeurs qui conser-
veront leur nature et leur solidité dans les mains
du tuteur ou de l'administrateur légal, comme
des rentes sur l'Etat, d'autres effets publics nominatifs, une créance hypothécaire à terme, etc.,
le notaire adoptera ce dernier mode d'attribution,
en rejetant la prétention du père. L'intérêt du

[1] Quelques auteurs pensent que le père, simple administrateur, n'est pas soumis à l'hypothèque légale.

mineur n'admet de chances que le moins possible.
D'ailleurs, le principe de la confusion ou de la
compensation établi par la loi (nous en parlerons
dans un instant) veut que la part du père serve
d'abord à éteindre sa propre dette. Dira-t-on
que le tuteur est favorable, en sa qualité de père,
et que le notaire a foi dans sa solvabilité? De pa-
reilles considérations, la dernière fût-elle véri-
fiée, ne sauraient prévaloir sur l'intérêt de l'incapable; il faut songer aux risques de l'avenir.
Enfin, une raison décisive milite presque toujours
en faveur de l'enfant, c'est que le père ou la
mère peut convoler à de secondes noces.

150. 2° Il est dû un passif exigible à des tiers
étrangers, et, pour l'acquitter, deux alternatives
se présentent : ou bien on forcera le père débiteur d'un rapport d'argent à verser ce qu'il doit,
et l'on emploiera la somme versée au payement
du passif; ou bien on maintiendra la dette de
ce rapport, en l'attribuant au mineur, et l'on
prendra, pour solder le passif, une autre portion
de l'actif consistant en valeurs qui auraient offert
toute sécurité au mineur. La seconde manière de
procéder serait défectueuse par les mêmes raisons.

151. 3° Nous n'approuvons pas non plus l'attribution faite à un copartageant du prix de l'immeuble acquis par lui sur licitation préalable,

lorsqu'il est tenu envers la succession d'un rapport ou d'une dette ordinaire et que sa solvabilité
personnelle présente des doutes. Cette attribution
ne méconnaît pas seulement le principe de la
confusion ou compensation qui doit s'opérer entre
la part héréditaire et le rapport ou la dette, elle
enlève à la masse la créance privilégiée résultant
d'un prix d'immeuble pour ne lui laisser qu'une
créance chirographaire éventuelle. Elle viole en
cela le principe de l'égalité [1].

152. 4° Une autre hypothèse se rencontre
souvent. Le tuteur d'un mineur copartageant est
usufruitier d'une partie de l'actif mobilier indivis,
sans avoir été dispensé par le titre constitutif de
fournir caution. L'acte liquidatif peut-il attribuer
à ce tuteur, sans condition, la jouissance de la
part dont la nue-propriété est abandonnée à son
pupille? Nous ne le pensons pas, parce qu'il

[1] Nous avons vu la régie de l'enregistrement critiquer ce
mode d'opérer (entre parties majeures), pour en faire res-
sortir à son profit un droit de mutation sur le prix de l'immeuble qui, suivant elle, devait rester non payé après la
confusion ou la compensation autrement opérée entre la
part et la dette. Le tribunal (2ᵉ Ch.) a jugé avec raison
qu'elle n'est pas recevable à attaquer les résultats d'une
liquidation consommée et acceptée par les parties. Nous
croyons qu'il conviendrait d'adopter la même solution,
si l'homologation de cet acte avait été prononcée en justice.

impliquerait au profit de l'usufruitier la dispense de fournir caution cóntrairement à la loi (art. 601 C. Nap.). Sa qualité de tuteur lui donne, il est vrai, le droit d'administrer les biens du mineur, mais elle ne se confond point avec la qualité d'usufruitier, et par conséquent elle n'efface pas l'obligation du cautionnement dû par l'usufruitier. Le tuteur ne touche pas la valeur mobilière dont il s'agit, comme tuteur, mais bien à titre d'usufruit. Ce n'est donc point à cet usufruit que s'appliquerait l'hypothèque légale de la tutelle. Ajoutons que l'administration de l'usufruitier est moins rassurante pour le nu-propriétaire, que celle du tuteur pour le pupille. Enfin, l'usufruit doit durer plus longtemps que la tutelle.

153. Lorsque le mineur copartageant est soumis à un usufruit légal, il n'y a point d'attribution à faire à son père ou à sa mère, qui n'a cette jouissance que pour un temps, elle a lieu au profit de l'enfant seul. Mais nous rappelons que l'usufruitier légal est obligé, par l'article 385 du Code, d'acquitter pour le mineur les frais funéraires et de dernière maladie du défunt [1], lesquels, dans les autres cas, sont à la charge de l'enfant, au prorata de son droit héréditaire

---

[1] Non le deuil dû à la femme. V. *suprà*, n° 130.

(art. 2001, nᵒˢ 2 et 3). Le notaire liquidateur ne prélève pas toujours ces frais sur la part du père copartageant, il se borne à énoncer que le père en fera raison à son mineur, lors du compte de tutelle à lui rendre. Et en attendant, il diminue d'autant la part de celui-ci. Cette pratique n'est pas régulière, parce que la loi n'apporte à l'obligation de l'usufruitier légal ni restriction ni surséance, quant au payement des frais funéraires et de dernière maladie. La liquidation n'est pas vraie, en ce qu'elle attribue au père un émolument grossi de la somme qui en était déductible immédiatement.

154. Il s'est agi de savoir si le père qui a été destitué de la tutelle et par suite de la jouissance légale, dans l'intervalle du décès à la liquidation, demeure passible de la charge des frais funéraires et de dernière maladie au regard de l'enfant cohéritier et pour sa part. Le notaire et le tribunal [1] ont adopté avec raison la décision affirmative. On ne saurait puiser dans son propre fait, dans sa faute, le moyen de se rédimer d'une obligation légalement et définitivement contractée. Or, la dette du père a pris naissance dès le jour du décès, en échange de la jouissance légale

______

[1] 2ᵐᵉ Chambre.

qu'il a acceptée et qu'il dépendait de lui de conserver.

155. Nous devons signaler, comme irrégulier, un autre procédé, dont nous avons eu l'exemple récent sous les yeux [1]. Le partage de plusieurs immeubles en nature avait été exécuté à la suite d'une expertise homologuée. Les lots avaient été ensuite tirés au sort devant le notaire. Cependant, en liquidant le surplus de la succession, après avoir retracé l'opération préalablement faite, le même notaire avait cru pouvoir porter dans l'actif l'estimation donnée par les experts aux immeubles déjà partagés et attribuer à chaque copartageant le montant de l'estimation relative à son lot particulier. Mais un tel abandonnement n'était que fictif, surabondant, irrationnel. Le partage des immeubles ayant été consommé, ils ne devaient plus figurer dans la liquidation ni en nature, ni pour leur valeur.

156. Dans les cas ordinaires, l'attribution et la délivrance qui concernent les rapports dus par les héritiers et bien constatés, sont faciles à régler. Elles ont lieu en moins prenant, comme nous l'avons déjà indiqué, aux termes des articles 860 et 868 du Code Napoléon. En d'autres ter-

____

[1] En mai 1858, 1re Chambre.

mes; il suffit au notaire de déclarer qu'il s'opérera dans la main de l'héritier débiteur du rapport une confusion ou une compensation entre le montant de la dette et la part héréditaire. Cette manière de procéder est encore conforme au principe général de droit consacré par les articles 1289 et 1300. Lorsque la dette dépasse la part, l'excédant est réparti et attribué, de même que toute autre créance active, aux autres copartageants. On conçoit toutefois que l'espèce arrive rarement, parce que, si le rapport résulte d'un avancement d'hoirie, l'héritier renonce à la succession pour se soustraire à l'obligation du rapport [1].

157. La même manière de procéder regarde les récompenses dues par l'un des époux à la communauté : les récompenses le soumettent aussi à une sorte de rapport.

158. Une attribution beaucoup plus grave est relative aux reprises de la femme, vis-à-vis des

[1] Le droit de réclamer les fruits qui ont été perçus par un cohéritier depuis l'ouverture de la succession et avant le partage n'est pas une simple créance, mais un droit qui autorise les autres cohéritiers à se payer en *corps héréditaires*. C'est une espèce de rapport dont il est tenu envers eux. Arrêt de Pau, 6 décembre 1844; Sirey, vol. LV, 2, 449. La question était controversée sous l'ancienne jurisprudence.

créanciers. Un arrêt de la Cour de cassation, Chambres réunies [1], vient enfin de statuer sur la ques-

[1] Du 16 janvier 1858, V. *le Droit*, numéro du 21, et D. P., vol. LVIII, I, 1, même mois. Nous transcrivons les motifs de l'arrêt :

« La Cour,

« Sur le moyen unique de cassation pris de la violation « des articles 1581, 1498, 1493 et 1494 du Code Napoléon, « et des principes généraux du même Code sur le prélève-« ment des reprises de la femme à la dissolution de la com-« munauté ;

« Attendu qu'à la dissolution de la communauté, dans le « cas d'acceptation par la femme ou ses héritiers, les pré-« lèvements respectifs des époux, lorsqu'ils ont pour objet, « soit les biens propres de chacun d'eux existant en nature, « soit leurs remplois dûment effectués, ne peuvent être « exercés qu'à la charge de justifier, conformément à l'ar-« ticle 1402 du Code Napoléon, de la propriété ou de la « possession légale des biens à prélever ;

« Que, dans le cas du n° 1 de l'article 1470 du Code Na-« poléon, les prélèvements s'exercent donc à titre de pro-« priétaire et constituent une véritable revendication ;

« Attendu, au contraire, que c'est à titre de créancier « que chaque époux prélève, soit le prix de ses propres « aliénés, soit les indemnités qui lui sont dues par la com-« munauté, conformément aux n°ˢ 2 et 3 dudit article ;

« Qu'en effet, l'action n'a alors pour cause qu'une dimi-« nution du patrimoine de l'un des époux et un profit corré-« latif fait par la communauté ;

« Que cette cause ne produit pas un droit de propriété « sur des objets déterminés, et qu'il n'en résulte qu'une « créance et une action mobilière ;

« Attendu que l'actif de la communauté, composé de tout

tion, en rejetant le pourvoi formé contre un arrêt

« ce qui reste, distraction faite des objets reconnus propres
« à chacun des époux, après justification, est le gage com-
« mun des créanciers ;

« Attendu que la femme, pour sa dot et ses conventions
« matrimoniales, n'obtient certains droits de préférence que
« sur les immeubles de son mari, conformément aux ar-
« ticles 2121 et 2135 du Code Napoléon ; mais qu'aucun pri-
« vilége, soit général, soit spécial, n'est inscrit en sa faveur
« sur les meubles de la communauté dans les articles 2101
« et suivants du même Code ;

« Attendu qu'on ne saurait faire résulter des articles 1350
« et 1471 du Code Napoléon un droit quelconque d'exclu-
« sion à l'égard des créanciers, au profit de la femme, pour
« ses prélèvements sur les biens de le communauté ;

« Que ces articles ne s'occupent que du partage de l'actif
« entre les époux et des droits respectifs de ces derniers,
« en impliquant toutefois la charge des dettes, aux termes
« des articles 1468, 1482 et 1483 du Code Napoléon ;

« Attendu qu'un droit quelconque d'exclusion ou de pré-
« férence ne saurait résulter plus spécialement de l'ar-
« ticle 1483 ;

« Que cet article, étranger aux droits de la femme con-
« sidérés comme affectant l'actif, a uniquement pour objet
« de limiter, par une sorte de bénéfice d'inventaire, les ef-
« fets de l'obligation personnelle de la femme tenue, par le
« fait de son acceptation, de contribuer au payement des
« dettes de la communauté contractées par le mari seul ;

« Attendu que les créanciers vigilants peuvent faire tous
« actes conservatoires et toutes poursuites légales pour
« s'assurer de leur gage et à fin d'être payés, notamment
« en se conformant aux articles 1476 et 883 du Code Na-
« poléon ;

de Paris du 4 août 1855[1]. Nous avons énoncé plus haut en quoi consistent ces reprises[2]. Il ne s'agit plus que de déterminer le mode d'attribution qui leur appartient, d'après l'arrêt de la Cour de cassation, dont voici le résumé :

159. Interprétant les articles 1492, 1494 et 1495 du Code Napoléon combinés, l'arrêt décide, en principe : 1° que la femme n'est fondée à exer-

« Attendu que si, *après le partage consommé sans fraude,*
« la femme a le droit, sous les conditions exprimées audit
« article, de porter en dépense le montant de ses récompen-
« ses ou indemnités dans le compte qu'elle doit aux créan-
« ciers survenants, ce droit, qui ne consiste qu'à retenir ce
« qu'elle a reçu à juste titre, n'implique nullement un droit
« de préférence ou d'exclusion attaché à la créance ainsi
« payée ;

« Attendu que des droits reconnus à la femme renon-
« çante par l'article 1493 naissent pour elle des actions
« qu'elle exerce, à raison de leur nature, comme dans le cas
« d'acceptation, soit par voie de revendication, soit à titre
« de créancière ;

« Attendu, d'ailleurs, que l'article 1493, pour le cas de
« renonciation, n'est relatif, comme les articles 1470 et 1471
« du Code Napoléon, pour le cas d'acceptation, qu'aux rap-
« ports des époux entre eux, et ne porte aucune atteinte
« aux droits des créanciers vigilants sur les biens qui sont
« leur gage ;

« Attendu que les principes ci-dessus sont applicables
« au cas de communauté conventionnelle, etc. »

[1] 1re Chambre; Sirey, 1855, 2, 430 et D., P., vol. LV, 2, 273.

[2] V. *suprà*, p. 82.

cer ni droit de copropriété ni droit de privilége, sur l'actif de la communauté, pour le prélèvement ou plutôt le payement de ses reprises, droits et créances déterminés par les articles 1470 et 1493 ; il ne distingue pas si la communauté est conventionnelle ou légale, si la femme l'accepte ou y renonce ; et par la communauté conventionnelle il entend la stipulation du contrat de mariage qui constitue une société d'acquêts ou exclut les propres de la femme, c'est-à-dire ses apports ou ses échutes. 2° Il juge, toutefois, qu'elle reprend en nature ses biens personnels non tombés en communauté et existant, ainsi que ceux lui provenant du remploi de ces mêmes biens aliénés. Or, il suit de là que, s'il y a des créanciers de la communauté opposants au partage, aucune attribution ne peut être faite à la femme pour ses reprises ou créances en argent sur l'actif de cette communauté, et qu'ils viennent avec la femme par contribution, à moins que l'actif ne suffise pour les désintéresser tous, elle et les créanciers.

Il est enfin reconnu, dans l'un des derniers motifs de l'arrêt, que si des créanciers de la communauté se présentent après que des attributions ont été faites à la femme en payement de ses reprises et indemnités par un partage consommé sans fraude, elle n'a rien à leur restituer, ayant reçu ce qui lui revenait légitimement au regard du mari ou de ses héritiers : *suum recepit*. Nous supposons qu'elle n'a contracté envers les créanciers aucune obligation personnelle, et nous avons donné l'exemple de cette hypothèse, n° 56.

Deux observations restent à faire sur la doctrine nouvelle de la Cour de cassation.

160. Lorsque le contrat de mariage renferme en faveur de la femme la clause appelée de *franc et quitte* (art. 1514 C. Nap.), où il est dit qu'elle reprendra ses apports et ses échutes affranchis de toutes dettes et charges, au cas de renonciation à la communauté, on peut encore se demander si cette convention recevra son exécution vis-à-vis des créanciers de la communauté ou seulement *à l'égard du mari ou de ses héritiers*. Il semble que, par la généralité de ses termes, l'arrêt implique la seconde solution, puisqu'il rejette toute distinction entre la communauté légale et la communauté conventionnelle dans laquelle, à la rigueur, rentre la clause de *franc et quitte*[1], et nous regrettons que cette solution soit aussi absolue, qu'on nous permette de le dire. En effet, la clause entendue de la sorte devient une superfétation, puisque, sans aucune stipulation, le mari et ses héritiers

____

[1] V. arrêt de Paris du 21 janvier 1858, *le Droit* du 30.

sont obligés *par la loi*, comme débiteurs, à lui payer ses droits et créances (art. 1471 et 1472), Les créanciers répondront-ils qu'ils ont compté sur l'exercice de la plénitude de leur droit vis-à-vis de la femme? Mais le contrat de mariage, qu'ils ont dû connaître avant de traiter, les a suffisamment avertis; et ils avaient un moyen pour écarter l'application de la clause : c'était de requérir l'obligation personnelle de la femme. Aussi, dans une espèce beaucoup moins favorable, celle de la simple société d'acquêts ou de la simple exclusion de propres, deux arrêts rendus par la Cour impériale de Paris [1] (2º Ch.), quelques jours après celui dont le pourvoi a été rejeté, ont-ils écarté la concurrence des créanciers.

161. Mais si la clause de *franc et quitte* porte *formellement* que la reprise aura lieu, encore que la femme se soit obligée ou ait été condamnée envers des tiers, tous les auteurs[2] reconnaissent et, du moins, l'arrêt de cassation ne juge pas le contraire, que cette stipulation doit s'exécuter à l'encontre des créanciers. Ils pensent qu'alors la clause, présentant un caractère de *dotalité*, doit en produire les conséquences en faveur de la femme.

---

[1] V. Sirey, 1855, 2, 450. — Un arrêt du 21 janvier 1858 a jugé le contraire. V. *le Droit* du 30 janvier 1858.

[2] Marcadé excepté.

Nul doute que la loi ne permette d'emprunter ainsi au régime dotal un de ses éléments sous l'empire de la communauté ou de la société d'acquêts (art. 1387 et 1514 C. Nap.).

162. Nous rappelons que les reprises de la femme commune en biens sont payables avant celles du mari sur l'actif de la communauté, et qu'au défaut de l'actif commun, elles se prélèvent sur la succession de celui-ci (art. 1471, 1472 et 1495 C. Nap.).

163. Le notaire peut-il affecter au payement du passif les rentes sur l'Etat trouvées dans la succession lorsqu'il existe un copartageant incapable, ou si les héritiers majeurs n'y consentent pas? Il est admis dans la jurisprudence que les héritiers qui ont accepté la succession purement et simplement ont le droit de se refuser à la vente des rentes ou à l'emploi de leurs arrérages pour le payement des créanciers de la succession, bien que ceux-ci aient demandé la séparation des patrimoines (art. 878 C. Nap.). Mais le contraire a été jugé, à l'égard des héritiers *bénéficiaires* et même à l'égard du mineur (pour qui l'acceptation pure et simple n'est pas possible), par deux jugements du Tribunal de la Seine que la Cour impériale a confirmés. Les jugements et arrêts ont condamné le tuteur du mineur à des domma-

ges-intérêts, sur ses biens personnels, pour le cas
où il se refuserait à signer le transfert des rentes.
Nous avons contesté ailleurs [1] ces décisions, qui
n'expriment à l'appui de leur solution qu'un motif
vraiment sérieux, celui tiré de l'article 803 du
Code Napoléon, aux termes duquel l'héritier bénéficiaire est réputé administrer la succession au
profit des créanciers et leur doit compte de tous
ses biens mobiliers et immobiliers. Elles sont
contraires à la jurisprudence antérieure, contraires à plusieurs décisions administratives, et
nous renvoyons le lecteur à notre discussion, qui
se résumera ici en quelques mots. Par cela
seul que les lois spéciales [2] proclament les rentes
sur l'Etat insaisissables, ces rentes sont hors du
droit commun, et par conséquent de la succession
bénéficiaire relativement aux créanciers. L'héritier bénéficiaire ne leur doit compte que des autres valeurs dépendant de l'hoirie. Les arrérages
des rentes, étant de même nature que le capital,
doivent jouir de la même immunité. La décision
inverse effacerait radicalement une prohibition
établie par les dispositions protectrices du crédit
de l'Etat. Si le Code eût entendu déroger au prin-

---

[1] V. la *Gazette des Tribunaux* du 29 août 1856.

[2] Celles des 8 nivôse an VI, art. 4, et 22 floréal an VII,
art. 7.

cipe d'ordre public, il l'aurait déclaré en termes exprès, et il ne l'a pas tait. L'article 803 du Code est évidemment un texte de droit général. Aucune injustice n'est d'ailleurs commise vis-à-vis des créanciers, car, avant de contracter avec le défunt titulaire des rentes, ils ont été avertis qu'ils ne devaient compter sur ces valeurs ni en capital ni en revenus, pour obtenir leur rem-boursement [1].

164. Il faut, au surplus, que le notaire réalise le droit des parties par une attribution réelle et immédiate, car elle est le complément essentiel du partage, le titre de propriété pour le copar-tageant. Citons une espèce jugée à notre con-naissance. La liquidation constatait que le seul actif de la succession de la mère *de cujus* con-sistait dans la dot en argent reçue d'elle par le père survivant, et, après avoir établi la part revenant à chaque enfant héritier, il se bornait à leur réserver le droit de réclamer contre lui cette part, à raison de ce qu'il n'était pas en mesure

[1] V. le rapport de Vernier sur l'article 6 de la loi, dans *nos Bourses de commerce*, 3, 20, p. 228.

Nous ajouterons que la section des requêtes de la Cour de cassation vient d'admettre le pourvoi contre un arrêt de Lyon qui a attribué aux syndics d'une faillite le droit de faire vendre la rente au profit des créanciers. V. *le Droit* du 23 décembre 1857.

de la leur payer actuellement. Cette manière de procéder a été déclarée incomplète, parce que, à défaut d'attributions faites, l'acte ne pouvait pas former titre actuel de propriété pour les héritiers. Le père était tuteur de ses enfants, à la vérité, mais ce titre ne leur était pas moins nécessaire. A leur émancipation ou à leur majorité, ils auraient dû se pourvoir contre lui pour l'obtenir.

165. L'attribution qui est faite à la femme du prix d'un immeuble licité avant la liquidation, constitue pour elle un propre, même dans l'hypothèse d'une communauté légale (art. 1470). Lorsqu'elle est mariée sous le régime dotal, les capitaux mobiliers ou immobiliers ne lui sont attribués que sauf emploi. Il importe que le notaire consigne l'une ou l'autre déclaration dans son acte liquidatif, bien qu'elle ne rentre pas essentiellement dans le partage. Les parties intéressées seront prévenues. Le mari dotal ne pourra pas toucher sans réaliser l'emploi.

VI. — Clauses générales.

166. C'est le corollaire de l'état liquidatif.

Le notaire arrête d'abord l'époque à partir de laquelle l'acte recevra son exécution [1], en opé-

---

[1] Nous avons vu *suprà*, p. 104, qu'il a dû indiquer cette date pour liquider les fruits échus.

rant pour chacune des parties la jouissance *divise*
des valeurs qui lui ont été attribuées. Quoique les fruits des choses à partager courent
de droit à compter de la dissolution de la communauté ou du jour du décès, la jouissance de
chacun des copartageants ne peut s'ouvrir, de
fait, qu'au moment fixé pour la séparation des
intérêts communs. Cela est juste et obligé, parce
que, dans l'intervalle qui s'écoule entre la dissolution de la communauté ou le décès du *de cujus*
et la séparation des droits individuels, quelques-
uns des biens indivis jusque-là, mobiliers et immobiliers, ont pu changer de valeur. Les varia-
tions sont surtout fréquentes pour les rentes sur
l'État et les autres effets publics qui se rencon-
trent aujourd'hui dans le plus grand nombre des
partages. Le retard de la liquidation provenant du
fait des parties ou d'un événement fortuit, l'augmentation ou la diminution intermédiaire des valeurs doit profiter ou nuire à la masse. Le notaire
apprécie donc l'époque à déterminer pour la jouissance de chacun des copartageants, en considérant
les circonstances de la liquidation et le plus grand
intérêt de toutes les parties. Et, bien entendu,
ce mode de procéder ne contredit pas le principe
rétroactif d'après lequel chacune des parties est
réputée par la loi, vis-à-vis des tiers, avoir succédé

seule aux objets échus dans son lot à compter de
la dissolution de la communauté ou de l'ouverture
de la succession (art. 883 C. Nap.) [1].

167. Si l'augmentation ou la diminution des
valeurs survient entre la liquidation et l'homologation, il est encore temps pour les intéressés
de réclamer, d'après le même principe, une autre
fixation de la jouissance divise, quant à ces valeurs, et l'acte liquidatif peut être rectifié en ce
point. Mais le tribunal prononce rarement une
modification, à moins que les différences apportées par le dernier cours ne soient importantes.
L'exactitude qui devient méticuleuse est elle-
même un inconvénient [2].

168. Dans aucun cas, il n'est permis au notaire de prolonger la durée de la communauté au
delà du jour de sa dissolution légale, sous le pré-
texte qu'il manquerait de renseignements certains pour retrouver les éléments et les résultats
qui se rattachent au temps écoulé depuis cette
dissolution jusqu'à la confection de la liquidation.
La loi nouvelle le lui défend en termes impératifs

[1] Cette fiction s'applique au partage entre simples com-
munistes. Arrêt de cassation du 28 avril 1840, D., P.,
vol. XL., 1, 210 ; arrêt de Grenoble du 28 août 1847, vol.
1848 ; Sirey, II, 467, et D. P., vol. XLVIII, 2, 137.

[2] Nous avons vu plusieurs fois rejeter une pareille demande. (2e Ch.)

qui abrogent l'article 741 de l'ancienne coutume de Paris (art. 1441 C. Nap.). Nous ne parlerions point de cette irrégularité, si nous ne l'avions pas remarquée.

169. Quant aux recours que les copartageants se doivent réciproquement, pour supplément de partage au cas d'omission, pour lésion de plus d'un quart, pour éviction de tout ou partie des valeurs même mobilières comprises dans leurs lots, il suffit, comme on le fait dans la pratique ordinaire, de mentionner cette garantie, parce que l'acte liquidatif la maintient dans les termes de droit (art. 884, 887 et 1476) [1]. Nous avons cependant trouvé une clause qui, en prévoyant certaines hypothèses où un recours serait à craindre, pouvait compliquer et compromettre le droit des parties : le tribunal l'a supprimée. L'avenir étant incertain, il est plus prudent de les laisser purement et simplement dans la position légale.

170. Les actions éventuelles réservées par

[1] La rescision des partages donne lieu à de nombreuses difficultés. V. les *Recueils d'arrêts*.

— L'article 541 du Code de procédure qui autorise la révision des comptes pour erreurs ou omissions ne s'applique pas au partage. V. D. P., vol. XLIX, 2, 194.—Arrêt de Douai, 7 juin 1848, II, 362 ; Sirey, vol. XLIX. Il pourrait néanmoins y avoir lieu à supplément de partage, art. 887.

l'article 887 en supplément de partage pour omission ou même en rescision pour lésion n'ôtent point au partage sa perfection actuelle, et de là il faut, à notre avis, décider que si, après le partage régulièrement consommé, l'un des copartageants vend ou cède un objet compris dans son lot, les autres copartageants ne sont pas fondés à exercer contre l'acquéreur ou le cessionnaire le droit successoral autorisé par l'article 841. Les motifs de cette disposition qui tendent à écarter un spéculateur du partage où il prendrait communication des titres et des secrets de la famille, où il porterait le trouble, ne sont plus applicables, en effet, puisque le partage a été réalisé. Mais ils revivraient et justifieraient la demande du retrait, si l'un ou l'autre des deux recours légaux était formé. C'est ce qu'un jugement du tribunal (1re Ch.) a reconnu, dans ses considérants, le 20 mars 1858.

171. Très-souvent, le notaire déclare que des valeurs actives qu'il n'a pas comprises dans la masse resteront en commun, par la raison qu'elles lui ont paru d'un recouvrement peu probable. Et il ne charge pas même l'une des parties de s'en occuper. Cette exception faite à la règle posée plus haut [1] et qui veut que rien ne reste impar-

[1] V. *suprà*, p. 16.

tagé, est sans contredit admissible dans quelques circonstances. Toutefois, nous sommes d'avis qu'il doit déroger au principe le moins possible. Mieux vaut partager les créances qui ne sont que douteuses. Le débiteur peut revenir à meilleure fortune d'un moment à l'autre : chaque copartageant, ayant intérêt à recouvrer sa part dans la créance réservée, sera plus diligent qu'un administrateur étranger ou un cohéritier chargé du recouvrement total laissé en commun, il ne sera plus besoin d'un partage supplémentaire. A plus forte raison, ne doit-on pas ajourner le partage de quelques créances, par cela seul que l'exigibilité en serait éloignée. Il importe que le notaire sache résister, le cas échéant, au désir contraire des parties. Il doit être convaincu que leur intérêt bien compris demande la cessation complète de l'état d'indivision.

172. Le pouvoir d'acquitter le passif exigible est ordinairement confié à l'un des intéressés auquel une portion équivalente d'actif est attribuée pour cet objet. Bien que, dans la rigueur du droit, chaque copartageant puisse toucher son émolument actif, en restant chargé de payer les dettes pour sa portion virile [1], nous répétons

[1] La Cour impériale de Riom a jugé que, si les dettes absorbent tout l'actif, le tribunal ne peut, en homologuant

que la mesure adoptée a l'avantage de libérer toutes les parties en prévenant des poursuites et des frais inutiles. Mais il faut que le choix du mandataire réunisse les conditions nécessaires d'intelligence et de solvabilité.

173. Il peut être opportun aussi de faire donner, par l'acte liquidatif, la mainlevée : 1° des inscriptions prises sur les immeubles par un créancier personnel du copartageant à qui ils n'échoient pas (nous supposons ce créancier partie dans la liquidation) [1]; 2° des inscriptions prises d'office sur le copartageant devenu adjudicataire d'immeubles communs [2] au profit des autres copartageants auxquels la liquidation attribue une portion de prix. Il est clair que, dans le second cas, la mainlevée ne saurait être réalisée au bureau des hypothèques qu'après un payement effectif.

l'acte liquidatif, attribuer cet actif à un copartageant, à charge par lui d'acquitter tou[t]es les dettes ; arrêt du 1ᵉʳ avril 1854 ; Sirey, vol. LIV, 2, 617. Le principe de droit est incontestable ; mais, dans le fait, il ne paraît pas que les autres co héritiers aient eu intérêt à contester l'attribution, si elle n'était en réalité qu'un mandat donné pour les libérer tous. V. n° 111.

[1] Art. 883 C. Nap.

[2] Par l'effet d'une licitation préalable. — La transcription de cet acte est maintenant exigée par la jurisprudence, malgré la disposition de l'article 883.

174. Si la liquidation comprend des rentes sur l'Etat, l'acte autorisera le notaire à délivrer des certificats partiels de propriété et à requérir les transferts au nom de chacun, pour la part qui lui en revient. La même autorisation peut être donnée au notaire pour faire convertir en titres nominatifs des effets publics au porteur [1], et notamment au profit des copartageants incapables [2].

175. La remise des titres et papiers communs doit être opérée dans les mains du copartageant dont la désignation offre le plus de convenance pour tous les autres ayants droit, c'est-à-dire de celui qui devient en quelque sorte le chef de la famille et demeure au milieu d'elle. Simple dépositaire de ces pièces, il en aidera ses cointéressés à toute réquisition (art. 842), suivant l'ancien usage [3]. Il n'est pas besoin d'en dresser un état, s'il se trouve contenu dans l'inventaire. Nous exceptons, bien entendu, les titres relatifs aux immeubles, puisqu'ils sont remis au coparta-

---

[1] On sait que déjà un grand nombre de ces effets publics ont été convertis en titres nominatifs, par suite de la loi du 23 juin 1857.

[2] Nous verrons *infrà*, p. 150, note, qu'il y a lieu, pour l'exécution vis-à-vis des tiers, de se conformer au vœu de l'art. 348 du Code de procédure civile.

[3] Lebrun, *Successions*, liv. II, p. 255; art. 842 C. Nap. On choisissait ordinairement l'aîné des enfants.

geant dans le lot duquel les immeubles sont entrés.

176. A l'égard des tableaux de famille, des décorations, bijoux personnels et manuscrits du défunt que l'ancien droit français attribuait à l'aîné [1], il y a nécessité aujourd'hui de les partager ou de les vendre au profit de la masse. Si le partage de ces objets est impossible [2] et s'ils ont un prix d'affection plutôt qu'un prix vénal, le notaire adoptera la même mesure que pour les titres et papiers.

177. A la fin de son acte, lorsque les parties ou l'une d'elles ont été assistées par un avoué, pendant le cours de la liquidation, il mentionne ordinairement ce fait. Quoique la loi n'exige pas l'assistance de l'avoué [3] et que, pour cette assistance, elle lui alloue seulement, vis-à-vis de son client personnel, des émoluments sous forme de vacations ou des honoraires extraordinaires à titre de mandat, la mention peut être profitable à l'officier ministériel : elle est donc juste à ce point de vue.

178. Nous ne nous occupons pas des droits

---

[1] Lebrun, *loc. cit.*, liv. IV, ch. I, n° 45.

[2] Arrêt de Paris du 24 novembre 1846. *Journal du Palais*, nouvelle édition, vol. VI, p. 716.

[3] V. *suprà*, n° 23 et n° 125.

d'enregistrement dont l'état liquidatif est passible:
Il nous suffit d'énoncer que le partage pur et
simple qui établit entre les copartageants des
parts et des attributions conformes à leurs qualités, sans soulte ni cession, n'engendre qu'un
droit fixe de cinq francs[1]. S'il renferme d'autres
stipulations, c'est alors qu'il devient susceptible
de motiver d'autres droits fixes ou proportionnels
qui varient selon la nature de ces conventions. Le
notaire sait qu'il ne doit rien déguiser pour soustraire les parties au payement des droits extraordinaires. La loi fiscale, quelle que soit sa sévérité,
commande un respect absolu[2].

VII. — Procès-verbal de clôture.

179. Nous avons dit[3] que le notaire ne rédige
pas un procès-verbal pour ouvrir la liquidation.

[1] Loi du 22 frimaire an VII, art. 3; C. Nap., art. 883;
Loi du 28 avril 1816, art. 45, n° 3. — V. sur ce sujet le
Manuel de Clerc, p. 666 et suiv.

[2] Les notaires de Paris sont dans l'usage de dresser, à
la fin de leur acte, un tableau synoptique fort utile, où ils
présentent *en chiffres* le résultat de la liquidation, savoir :
les valeurs actives à partager, la quotité des droits de chaque copartageant, les abandonnements à lui faits. On aper-
çoit à ce moyen, d'un seul coup d'œil, l'ensemble de
l'opération.

[3] V. *suprà*, p. 66.

Mais quand son travail est achevé, il doit, à notre avis, faire appeler devant lui, par une sommation à personne ou domicile [1], les parties co-partageantes, même celles qui avaient constitué avoué sur la demande en compte, liquidation et partage, et, de plus, les créanciers ayant formé des oppositions à partage, pour leur faire lecture, à tous, de l'état liquidatif et recevoir dans un procès-verbal distinct leur approbation ou leurs dires de contestation. En cas d'absence, il donne défaut contre le non-comparant. Ce procès-verbal, qu'on appelle *de clôture*, porte presque toujours la même date que l'état liquidatif; il y est annexé et fait corps avec lui; il sert à la fois du procès-verbal d'ouverture et de clôture (art. 980 C. pr. civ.), il est donc le complément indispensable de l'état [2]. On a pourtant contesté la nécessité du

[1] Art. 980 C. pr. civ. et 29 du tarif.—Berryat-Saint-Prix, p. 622, note, Rolland de Villargues, v° PARTAGE JUDICIAIRE, n° 99, un arrêt de Toulouse du 20 mars 1840, Journal de Dalloz, vol. XI., 2, 117, et Bioche, v° PARTAGE, n° 171, décident au contraire qu'un simple acte d'avoué à avoué suffit; mais voici nos réponses : 1° il s'agit d'une comparution extrajudiciaire; 2° la constitution d'avoué peut n'être plus valable (art. 1038, C. pr.) ; 3° un autre motif pour adopter la sommation, c'est qu'elle doit être annexée au procès-verbal du notaire.

[2] V. *suprà*, p. 45 et 67. — Les mises en demeure sont aussi mentionnées au procès-verbal.

procès-verbal de clôture, en disant que l'opération de la liquidation se trouve régulièrement consommée par la confection de l'État liquidatif. Ce n'est là qu'une querelle de mots. Sans contredit, si l'État constate que les parties ont été appelées à la lecture, qu'elles l'ont entendue, qu'elles ont approuvé ou contesté, tout est fini par le même acte et bien fini. Mais lorsque l'État ne renferme que les éléments intrinsèques de la liquidation, et c'est l'espèce où nous nous sommes placé, il faut le compléter. Si la loi n'a pas tracé de formule sacramentelle pour l'acte liquidatif, nous avons déjà fait observer qu'elle le soumet à certaines conditions inhérentes à son objet et à son caractère. Or, n'est-il pas de l'essence du partage que les parties soient appelées à connaître le travail du notaire, avant que l'acte soit présenté à l'homologation du tribunal. Puisque la loi dispose par les articles 837 du Code Napoléon et 977 du Code de procédure, qu'en cas de difficulté un procès-verbal séparé sera rédigé par le notaire, il faut bien que la partie intéressée ait été mise à portée de connaître l'acte pour le contester, s'il y a lieu, lors de la lecture ou à l'audience. L'article 981 du Code de procédure le déclare encore dans des termes plus précis. Enfin, quelque large que soit la mission confiée au notaire, il procède en sa qualité de notaire, il reçoit un acte de son ministère, et si l'article 977 le dispense de témoins, il ne le dispense ni de dater ni de lire cet acte, en conformité de la loi spéciale du 25 ventôse an XI.

Nous n'avons pas besoin d'ajouter qu'après la lecture de l'état, une remise est accordée à ceux qui tiennent à examiner cet acte plus attentivement, sur le vu des pièces justificatives, et, dans ce cas, un second procès-verbal établira le résultat définitif[1].

[1] Le partage terminé au mépris d'une opposition de créancier, c'est-à-dire sans que l'opposant ait été appelé, est-il nul de plein droit ou susceptible seulement d'être annulé, s'il prouve que cet acte a lésé ses droits? La jurisprudence est divisée sur cette question. *Pour* la nullité radicale : arrêts d'Orléans du 19 août 1854; Sirey, vol. LV, 2, 50. *Contre*, arrêt de Paris du 18 juillet 1845; vol. LV, 2, 477; de Douai des 7 juin 1848 et 15 décembre 1851; vol. LIII, 2, 57, et D. P., vol. XLIX, 2, 194, et vol. LIV, 5, 541. Nous adoptons cette seconde solution sans concevoir aucun doute. Pourquoi annulerait-on l'acte, si, en définitive, il ne cause pas de préjudice au créancier qui se plaint? Est-ce qu'il n'est pas nécessaire de le maintenir dans l'intérêt de tous les copartageants? C'est ici, ou jamais, que le fond doit emporter la forme. — La majorité des arrêts décide que le partage peut toujours être attaqué pour dol ou simulation, alors même que le créancier n'a pas formé d'opposition. La fraude fait exception à toutes les lois. Arrêts de cassation du 27 novembre 1844; de Besançon, 8 février 1855; Sirey, V, 2, 520 et 575, etc., et D. P., vol. XLV, 1, 39. — Evidemment, le créancier dont le droit n'a pris nais-

180. Alors aussi, le notaire peut être amené à rectifier l'état par suite d'observations faites ou de renseignements nouveaux.

181. S'il survient une difficulté, le notaire donne son avis motivé sans qu'il soit tenu néanmoins de déposer au greffe la minute de l'état liquidatif; la loi ne prescrit pas le dépôt (art. 837 C. Nap. et 977 C. pr. civ.), et, dans l'usage, il n'a pas lieu[1]. Il semble même que ces articles, qui commandent le dépôt du procès-verbal, ne s'appliquent qu'au cas où les difficultés s'élèvent pendant le cours de l'opération et par conséquent avant la confection de l'état. Tel est, au surplus, le mode de procéder à Paris.

182. En parlant de l'acte de clôture, nous relèverons une mauvaise coutume, qui consiste à reproduire dans le procès-verbal tous les résultats de l'état liquidatif, chapitre par chapitre. A quoi bon ce rappel? Ne semblerait-il pas que la lecture de l'acte ne leur a pas été faite en réalité? Aucun changement n'est d'ailleurs possible sur l'État, puisque si cet acte n'est pas signé par les parties, comme le procès-verbal, il s'identifie avec

sance que depuis le partage est non recevable à l'attaquer. Cass., 14 novembre 1854; Sirey, vol. LV, 1, 85.; et D. P., vol. LV, 1, 346.

[1] V. *infrà*, p. 145.

lui par l'effet de l'annexe. Il est signé par l'officier public et fait pleine foi.

---

§ 3.

HOMOLOGATION DE L'ACTE LIQUIDATIF.

183. Le notaire n'a point à s'occuper de cette
procédure, si c'en est une : son ministère ne rede-
vient obligé qu'au cas où le tribunal ordonne
qu'il rectifiera l'acte liquidatif en quelques points.
La demande d'homologation rentre exclusive-
ment dans le ministère de l'avoué, elle est fort
simple en sa forme, et pourtant on conçoit combien l'homologation a d'importance, puisqu'elle
met le sceau à la validité de l'acte.

184. Il était de jurisprudence à Paris que
l'homologation fût prononcée par le tribunal en
Chambre du conseil, à huis clos. La première
Chambre de la Cour impériale de Paris, infirmant
un de ses jugements, a décidé que l'homologation
doit être obtenue en audience publique [1], et le

[1] Arrêt du 16 janvier 1855 ; Sirey, vol. LV, 2, 58, et D.
P., vol. LV, 2, 184.—Et telle est aussi l'opinion de Pigeau,
t. II, p. 227; de Chauveau sur Carré, question n° 2807, 8° ;

tribunal s'est conformé depuis lors à cet arrêt. En effet, la publicité de tout débat est de droit constitutionnel [1], à moins d'une dérogation expressément faite par la loi civile. Loin que l'exception existe ici, l'application de la règle générale est prescrite par les articles 966, 969 et 981 du Code de procédure combinés. En Chambre du conseil, les actes de liquidation étaient à coup sûr examinés avec beaucoup de soin. Mais les parties trouvent encore plus de garanties dans le nouveau mode de procéder. Après s'être livré à l'examen de l'état liquidatif chacun en particulier, le juge-commissaire et le substitut qui siégeront le même jour à l'audience peuvent échanger leurs observations, les contrôler, les apprécier avant de les soumettre au tribunal : le juge dans son rapport, le substitut dans ses conclusions. Les avoués des parties ont eux-mêmes alors le droit et la possibilité d'offrir des explications verbales.

et de Berlin dans *le Droit* du 1ᵉʳ février 1855. — En sens contraire : Thomine-Desmazures, t. II, p. 562.— Bioche, vᵒ PARTAGE, nᵒ 182.

[1] Un arrêt de cassation du 1ᵉʳ mars 1858 (V. *le Droit* du 10 avril suivant) vient de consacrer de nouveau, à l'égard de l'autorisation des femmes mariées elles-mêmes, ce principe que le jugement doit être rendu en audience publique.

185. Le rapport du juge-commissaire est nécessaire sur la demande en homologation, d'après la disposition formelle de l'article 981 du Code de procédure; mais si les parties ne le requièrent pas, il peut être omis sur les incidents judiciaires qui surviennent pendant le cours de la liquidation. Le rapport n'est exigé pour ces cas particuliers ni par l'article 981, ni par aucun autre [1].

186. La procédure à suivre devant le tribunal pour obtenir l'homologation est très-simple, nous le répétons. L'article 981 s'exprime ainsi : « Le notaire remettra le procès-verbal de partage « à la partie la plus diligente pour en poursuivre « l'homologation par le tribunal; sur le rapport « du juge-commissaire, le tribunal homologuera « le partage, s'il y a lieu, les parties présentes ou « appelées, *si toutes n'ont pas comparu à la clôture* « *du procès-verbal*, et sur les conclusions du procureur impérial dans le cas où la qualité des « parties requerra son ministère [2]. » Ainsi, d'après cet article, l'état liquidatif n'est point

---

[1] Arrêt de cass., sect. des req., du 7 mars 1843 ; Sirey, vol. XLIII, 1, 654, et D., P., vol. XLIII, 1, 28.

[2] Le seul cas où le ministère public pourrait ne pas intervenir serait celui d'une liquidation poursuivie entre majeurs, à raison de la contestation élevée par l'un d'eux.

déposé au greffe, il ne doit pas non plus être no-
tifié aux parties. Une seule expédition en est faite
par le notaire et remise au poursuivant. Il semblerait résulter du même texte qu'il n'est pas hé-
cessaire d'appeler devant le tribunal les parties
qui ont comparu au procès-verbal de clôture sans
élever de contestation. Le contraire se fait dans
la pratique admise près du tribunal de la Seine, et
avec raison, puisque les parties sont reçues à contester pour la première fois à l'audience [1]. On
appelle toutes les parties, savoir : par un avenir,
celles qui avaient constitué avoué dans l'instance
en partage, pourvu qu'il ne se soit pas écoulé une
année depuis le jugement qui a ordonné la liquidation (art. 1038 C. pr. civ.) [2] ; par une sommation à personne ou domicile, toutes les autres
parties. Ce que nous venons de dire suppose donc
qu'il n'y a pas lieu pour le poursuivant *d'assigner*
ses cointéressés et encore moins de former contre eux une demande proprement dite à fin d'homologation. L'arrêt de Paris du 16 janvier 1855,
cité plus haut, juge qu'il suffit même que les parties qui sont d'accord présentent au tribunal une

---

[1] V. *suprà*, p. 139.

[2] Le pouvoir d'occuper ne dure au profit de l'avoué que
pendant ce temps. Nous devons dire cependant que, dans
l'usage, il se présente sur le simple avenir, encore après.

requête collective. Le motif de la Cour est que la poursuite à fin d'homologation, ne constituant pas une instance nouvelle, ne saurait en nécessiter la procédure ordinaire : il ne s'agit plus, suivant elle, que de l'*exécution* du jugement qui a ordonné la liquidation. Ce principe nous paraît exact. V. n° 68. Mais, s'il y a des défaillants, évidemment la requête collective n'est pas possible.

A l'audience, le poursuivant dépose des conclusions tendant à l'homologation [1].

187. Les créanciers opposants que l'on a dû convoquer pour la clôture de l'acte liquidatif[2] sont aussi appelés à l'homologation par une sommation à personne ou domicile.

188. Si l'avoué est décédé ou a cessé de postuler depuis le jugement qui a ordonné la liqui-

---

[1] Ordinairement, il les *signifie* avec l'avenir aux parties qui sont encore représentées par leur avoué constitué sur la demande en partage, et celles-ci répondent par un acte de même nature. La signification réciproque ne rentre pas dans les nécessités de la loi ; toutefois elle est utile pour constater la contradiction. On passe ces actes en taxe sans difficulté.

— L'arrêt de Paris ajoute : « Que si les parties suivent « d'autres errements, c'est au tribunal de veiller à ce qu'il « n'y ait pas de signification frustratoire et d'empêcher que « les copartageants ne soient exposés à des frais que leur « accord rend sans objet. »

[2] V. *suprà*, p. 159.

dation, un arrêt de Riom[1] décide qu'il n'y a pas lieu à constitution d'un nouvel avoué sur la demande en homologation. Nous approuvons cette solution par les raisons qui précèdent. Une sommation à la partie suffit. Cette partie est alors dans la même situation que celle dont l'avoué a cessé d'occuper à l'expiration de l'année du premier jugement.

189. Il suit encore des motifs ci-dessus que, si l'une des parties colicitantes ne constitue pas d'avoué sur la demande en homologation, il n'y a pas lieu de prendre contre le défaillant un jugement de profit joint.

190. Le juge-commissaire ne présente son rapport au tribunal qu'après la justification des mises en demeure.

191. Le jugement qui prononce l'homologation s'applique virtuellement et implicitement à l'état liquidatif et à ses corollaires, c'est-à-dire au procès-verbal ou aux procès-verbaux de clôture, à moins d'une disposition spéciale qui les modifie ou qui exprime des réserves. Il faut se rappeler ce que nous avons expliqué, n° 179.

192. Le jugement doit ensuite être signifié par le poursuivant aux parties, tant présentes que

<hr>

[1] Du 14 janvier 1842 ; Sirey, vol. XLII, 2, 59, et D., P, vol. XLII, 2, 71.

défaillantes, au subrogé tuteur du mineur, bien que le subrogé tuteur n'ait pas été mis en cause (art. 444 C. pr. civ.)[1] et aux créanciers opposants à partage.

193. La loi n'autorise pas l'opposition à ce jugement[2]. Mais nous pensons que l'appel est recevable pour les défaillants et même pour les comparants qui ont conclu en s'en rapportant à justice. La tierce opposition l'est aussi pour les créanciers opposants à partage qui n'auraient point été sommés. Notre opinion, quant à ceux-ci, ne semble pas contestable; car, faute d'avoir été appelés à l'homologation, ils n'ont pas pu la contredire, selon leur droit[3]. A l'égard de l'appel des parties, si la question a été controversée[4], nous le croyons admissible par trois considérations principales: 1° il s'agit d'un jugement défi-

[1] Arrêts de Paris, des 10 août 1838 et 23 juillet 1840; D. P., vol. XXXVIII, 2, 163.

[2] *Manuel*, de Clerc, p. 632, vol. I.

[3] V. ci-dessus, p. 159.

[4] *Contre*, Grenoble, 16 février 1816 et 30 décembre 1817; Agen, 12 avril 1821.—*Pour*, Paris 15 juin 1837, 12 août 1838 et 23 juillet 1840. Ces derniers arrêts ont fixé la jurisprudence, et nous n'en avons pas trouvé de plus récents. Dans le même sens : Nancy, 25 août 1837; Sirey, vol. XXXIX, 2, 151, et D., P., vol. XXXVIII, 2, 221.— Bioche, v° PARTAGE, n°ˢ 187 et 189; Dutruc, n° 464; *Manuel*, de Clerc, p. 632, vol. I.

nitif; 2° l'appel est de droit commun ; 3° puisque l'opposition n'est pas reçue, il faut bien que l'erreur qui aurait échappé au tribunal puisse être réparée [1].

194. Il s'est agi de savoir, entre parties étrangères dont l'une était mineure, si un tribunal français devait nécessairement statuer sur l'homologation de l'acte liquidatif, lorsqu'il avait ordonné la liquidation par un précédent jugement. Le partage ne comprenait pas d'immeubles situés en France. La 2ᵉ Chambre du tribunal de la Seine n'a pas cru qu'elle fût obligée de statuer, elle s'est déclarée d'office incompétente, en se fondant sur le principe d'ordre public d'après lequel, dans toute contestation purement mobilière qui n'intéresse que des étrangers, un tribunal français a la faculté la plus absolue de les juger ou de les renvoyer devant les tribunaux de leur pays. Un tribunal français ne doit en effet sa justice qu'aux nationaux français [2]. On objectait vainement qu'il avait ac-

---

[1] Le tribunal de la Seine (1ʳᵉ Ch.), adoptant cette solution, a jugé, le 5 juin 1858, par voie de conséquence, que le jugement ne peut pas être exécuté contre un tiers (un agent de change), dépositaire des titres de rentes qui ont été attribués à l'un des copartageants, sans que celui-ci ne lui justifie d'un certificat de *non-appel*, aux termes de l'article 548 du Code de procédure civile.

[2] Entre autres arrêts, V. ceux de cass., du 8 avril 1818 ;•

cepté la compétence en ordonnant la liquidation. L'application d'un principe d'ordre public ne saurait être empêchée par une fin de non-recevoir. Le tribunal avait supposé alors que les éléments de l'acte liquidatif ne comporteraient aucune difficulté sérieuse. Mais l'examen de la liquidation ayant fait surgir des questions régies par la loi étrangère, et non signalées jusque-là, sur la valeur des conventions matrimoniales, la légalité d'un acte gratuit, l'étendue de la quotité disponible, il n'aurait pu accorder l'homologation avec connaissance de cause qu'autant que le sens et l'application de la loi étrangère n'auraient présenté aucun doute à son esprit. Il aurait au moins fallu que les parties lui rapportassent sur les questions à juger des consultations ou parères signés par des jurisconsultes ou des fonctionnaires du pays et assez graves pour lui inspirer confiance. Vainement encore on opposait que les parties majeures résidaient en France et que le mineur avait un tuteur français. Cette double circonstance était elle-même insuffisante pour enchaîner les juges, parce qu'elle ne rentrait pas dans les cas de compétence prévus par les articles 14 et 15 du Code Napoléon. La simple résidence de l'étranger en France ne mo-

Sirey, vol. XXII, 1, 217 ; 2 avril et 29 mai 1833 ; *ibid.*, vol. XXXIII, 1, 435, et D., P., vol. XXXIII, 1, 250 et 252.

difie en aucune façon les conséquences de son extranéité au point de vue de la juridiction [1] ; et quant au tuteur du mineur, il n'est pas partie au procès en son nom personnel, il ne fait qu'y représenter un étranger [2].

195. Des demandes sont quelquefois formées incidemment à celle à fin d'homologation. Deux mots sur ce point : Si l'une des parties copartageantes vient demander, par exemple, contre un tiers débiteur de la succession ou de la communauté, le payement de la créance dont elle a reçu l'attribution par l'acte liquidatif (nous avons rencontré une espèce semblable), le tribunal n'est pas tenu de statuer sur cette demande, et il a la faculté de la disjoindre de l'instance en homologation. Il doit même prononcer ainsi le plus souvent pour ne pas entraver l'homologation de la liquidation par les chances d'un appel de la part du tiers condamné, appel qui, en portant sur la demande incidente, pourrait retarder l'exécution du chef homologatif au préjudice des autres copartageants.

[1] Arrêt de cass., du 2 avril 1833 ; Sirey, vol. XXXIII, 1,435.

[2] De ces observations il faut conclure que les officiers ministériels doivent apprécier mûrement une pareille affaire, avant d'engager les parties dans une demande en liquidation, dont les frais sont toujours considérables.

196. Il y aurait même décision à rendre, si la demande incidente était dirigée par l'un des copartageants contre un autre copartageant [1], son débiteur personnel à raison d'une cause étrangère à la liquidation, pour se faire payer sur la part qui reviendrait à son débiteur.

197. Mais une demande qui se lie étroitement à la liquidation et qu'il importe de faire juger avec elle, dans l'intérêt commun, est celle qui tend à obtenir contre des créanciers opposants la mainlevée des inscriptions qu'ils ont requises sur leur débiteur dans le lot duquel les immeubles hypothéqués ne sont pas échus. Elle ne saurait, d'ailleurs, offrir une difficulté sérieuse, l'article 883 du Code Napoléon prononçant dans le cas dont il s'agit l'annulation des inscriptions. Pour les faire rayer par le conservateur des hypothèques, il faut ou une mainlevée volontaire ou un jugement qui l'accorde.

198. Pourrait-on considérer comme une demande incidente l'allocation d'honoraires extraordinaires faite aux avoués par les parties dans l'état liquidatif ou dans le procès-verbal de clôture *en dehors* du passif de la masse. Nous ne le pensons pas, parce que l'avoué ne se constitue point

[1] Arrêt de cass., du 12 janvier 1853, Journal de Dalloz; vol. LIII, 1, 21.

demandeur dans la pratique. D'un autre côté, le tribunal n'aurait pas toujours les éléments nécessaires pour apprécier immédiatement l'allocation, au regard de l'incapable [1].

199. Lorsqu'il y a lieu à la rectification de l'acte liquidatif, il est à désirer que le tribunal la réalise lui-même par une disposition spéciale du jugement d'homologation, afin d'épargner aux parties un renvoi devant le notaire et par suite un surcroît de retards et de frais. Cependant le procès-verbal rectificatif n'a pas besoin d'être homologué à son tour [2], à moins que le tribunal ne l'ait ordonné à raison de l'importance des rectifications à faire : nous en avons eu l'exemple. Avant le jugement, il est assez difficile pour le juge-commissaire d'obtenir les modifications qu'il croirait utile d'apporter à l'acte [3], et il peut craindre, d'ailleurs, de se tromper dans son appréciation personnelle. C'est toujours avec une extrême réserve qu'il présentera des observations à ce sujet.

200. Lorsque le tribunal pense qu'il est nécessaire de rectifier l'acte liquidatif, il ne doit pas

---

[1] V. *suprà*, p. 94. Le tribunal dit dans ce cas : *qu'il n'y a lieu à statuer*, tous les droits réservés.

[2] Rolland de Villargues, *Part. jud.*, n° 199.

[3] V. *infrà*, p. 158, note 1.

être arrêté par la considération que les parties majeures ont approuvé l'acte devant le notaire ou même à l'audience. La lésion que l'incapable éprouve est le motif de décider pour la justice, puisqu'elle est chargée de prononcer l'homologation à cause de lui et dans son intérêt. Ou bien, les majeurs qui approuvent sont en opposition d'intérêt avec l'incapable, et la rectification est ordonnée contre eux, le jugement les oblige sans difficulté. Ou bien, ils ont le même intérêt que l'incapable et la disposition leur profitera comme à lui, à moins qu'ils ne persistent à renoncer à leur droit, et ils le peuvent, sans contredit; exemple : le cas où le tribunal déciderait qu'une créance sera ajoutée à l'actif commun ou une dette retranchée du passif commun. C'est ce cas qui arrive le plus fréquemment. L'addition ou le retranchement sera effectué pour le tout, et l'incapable en prendra sa quote-part, sauf aux majeurs à s'arranger entre eux à cet égard, ainsi qu'ils aviseront.

201. Une question délicate se reproduit souvent. Le tribunal a-t-il le droit, si des deniers importants sont attribués à un mineur, d'ordonner d'office que son tuteur ne pourra les toucher que pour en faire tel emploi indiqué par le jugement ou l'emploi qui sera déterminé par le Conseil de

famille? En droit rigoureux, le tribunal n'a pas la faculté de fixer lui-même l'emploi, parce qu'il empiéterait en cela sur le pouvoir du Conseil de famille ; mais nous croyons que le second mode de prononcer, celui qui ordonne un emploi à régler par le Conseil, n'a rien de contraire à la loi, parce qu'il respecte les droits de la puissance tutélaire, en sauvegardant les intérêts du pupille. L'obligation imposée au tuteur par l'article 456 du Code Napoléon, de payer les intérêts faute d'emploi dans un certain délai, ne serait pas toujours une garantie suffisante. Le tribunal prendra en considération l'incertitude de sa solvabilité, l'importance de la somme à toucher par lui, et, après tout, il ne fera que mettre une condition sage à l'homologation demandée.

202. Il est incontestable du moins que le tribunal a le droit d'ordonner que les valeurs au porteur attribuées au mineur seront converties par le notaire en titres nominatifs, avant leur remise dans les mains du tuteur. Cette disposition ne touche nullement aux prérogatives de celui-ci, et la prudence la commande. Nous avons vu le tribunal juger ainsi, plusieurs fois [1].

203. Nous devons dire, en finissant, quelques

[1] 1re et 2e Chambre.

mots sur les frais concernant l'état liquidatif
et son homologation, puisque ces frais ont de
l'importance et intéressent les incapables.

204. A l'égard des notaires, la question de
taxe est grave, car il n'existe pour eux aucun tarif
légal en ce qui touche l'état liquidatif. Une Commission du tribunal de la Seine a rédigé [1] un
travail complet sur la matière des taxes applicables à tous les officiers ministériels, et notamment au notaire liquidateur. Ce n'est là qu'un
avis, mais il mérite une grande considération.
Nous y renvoyons pour les détails et les chiffres.

Voici nos observations :

205. Lors de l'homologation, les notaires de

[1] En 1856.

Au lieu de réclamer des vacations selon la disposition du
tarif de 1807, art. 171, les notaires de Paris prélèvent un
tant pour 100 sur le capital de l'actif *net* partagé, avec l'approbation de leur Chambre de discipline, et dans la proportion
suivante :

1 pour 100 jusqu'à 500,000 francs ;
1/2 pour 100 jusqu'à 1 million ;
1/4 pour 100 au delà.

La Commission du tribunal, tout en acceptant le mode
d'apprécier les vacations en bloc, n'a point admis les chiffres
alloués ci-dessus.

— Lorsque les droits d'expédition égalent ou dépas-
sent le taux proportionnel qui serait dû sur le net partageable, les notaires s'en tiennent à la perception de ces
droits.

Paris ne soumettent à la taxe préalable du juge-commissaire que leurs déboursés et honoraires pour l'acte liquidatif [1]. Le mémoire taxé provisoirement par leur Chambre ne comprend ni les frais et honoraires de l'inventaire, ni ceux des autres actes préliminaires dont ils ont pu être chargés, tels que dépôt de testament, procurations, recettes de deniers, etc., bien qu'ils aient avec raison [2] fait figurer aussi ces frais et honoraires dans le passif de la liquidation. Presque toujours, ils les ont touchés du commissaire-priseur qui a vendu le mobilier ou de l'administrateur provisoire qui a réalisé des recettes. Or, c'est là un usage irrégulier et que le tribunal n'a jamais approuvé. Personne ne saurait contester que tous ces frais touchés ou non encore touchés soient passibles de la taxe. Aussi, plusieurs juges-commissaires exigent la production et la taxe

[1] Il est reconnu par eux-mêmes qu'ils n'ont pas droit à un honoraire supplémentaire pour la rectification de l'acte liquidatif, ni pour les actes que son exécution nécessite, comme certificats de propriété des rentes sur l'Etat, mainlevées d'inscription, procurations, etc.

— Ils ne doivent, suivant nous, délivrer et porter dans leur mémoire, des extraits de la liquidation qu'autant que ces extraits ont été *requis* par les parties (art. 983 C. pr. civ.).

[2] V. *suprà*, p. 95.

d'un mémoire supplémentaire avant de présenter l'acte liquidatif à l'homologation. Dans tous les cas, cette taxe sera ordonnée par le jugement [1].

206. A l'égard des frais et émoluments qui appartiennent aux avoués (demandeur et défendeur), on ne rencontre vraiment de difficultés que dans l'interprétation de la loi.

207. Lorsque la licitation préalable d'un immeuble indivis est ordonnée en même temps que la liquidation, les avoués font entrer dans les charges de la vente le payement des frais de la demande en compte, liquidation et partage, y compris le coût du jugement, et ils touchent de l'adjudicataire ces frais taxés avant l'adjudication, aux termes de la loi (art. 701 C. pr. civ.). Rien n'est plus exact. Mais si, en vertu du même jugement, on a vendu un fonds de commerce ou d'autres valeurs mobilières, il peut arriver que les frais de la demande en compte aient aussi été payés par l'adjudicataire, sans taxe préalable, la loi n'exigeant pas la taxe préalable pour les ventes mobilières. Il faut du moins que le mémoire ac-

[1] Le tribunal pourrait prescrire aux notaires, par une mesure générale et réglementaire, ce mode de procéder. Ce serait le meilleur moyen pour en assurer l'exécution, sans retards.

quitté soit taxé avant l'homologation de la liquidation.

208. Hors ces deux cas, tous les frais de la
poursuite en compte, liquidation et partage, ceux
antérieurs au jugement qui ordonne la liquidation
et ceux faits sur la demande à fin d'homologation, sont portés par les avoués sur le même mémoire, avec une distinction importante à remarquer : ils calculent les premiers comme en
matière ordinaire, alors même qu'il ne s'est élevé
aucune contestation sur l'homologation ; ils chif-
frent les seconds, dans ce cas seulement, comme
en matière sommaire. De là, une question très-
controversée, sur laquelle nous devons nous abste-
nir d'émettre une opinion.

L'article 823 du Code Napoléon est ainsi conçu :
« Si l'un des cohéritiers refuse de consentir au
« partage, ou s'il s'élève des contestations soit sur
« le mode d'y procéder, soit sur la manière de le
« terminer, *le tribunal prononce comme en matière*
« *sommaire.* » S'appuyant sur ce texte et sur des
arrêts qui l'ont interprété [1], la première opinion
soutient que toutes les fois qu'il n'y a pas eu

---

[1] V. aussi la nouvelle édition de Dalloz, v° MATIÈRE SOM-
MAIRE, vol. XXXI, p. 530, n° 56 ; son volume périodique,
1854, p. 405, n° 30 ; nouvelle Table d'Armand Dalloz,
2ᵉ partie, au mot MATIÈRE SOMMAIRE, p. 485, n° 3.

de contestation touchant le *fond* du partage, pendant les deux phases de la poursuite, tous les frais doivent être taxés, comme en matière sommaire, sans aucune distinction. On répond, d'abord, que les dispositions du Code civil sont étrangères à la fixation des frais de procédure, en quelque matière que ce soit, que cette détermination a été renvoyée par lui à la loi spéciale qui devait intervenir. Or, le Code de procédure, après avoir classé toutes les affaires d'après leur nature en deux catégories distinctes, en affaires ordinaires et en affaires sommaires, énumère avec précision les demandes réputées par lui sommaires (art. 404), et la demande en compte, liquidation et partage ne s'y trouve pas spécifiée. On ajoute que l'objet de cette demande est immobilier, s'il existe à la fois des immeubles et des meubles dans la succession ou la communauté à liquider (ce que l'on ne sait pas toujours en introduisant la demande), et l'article 404 ne répute sommaires que les affaires pures personnelles, c'est-à-dire purement mobilières. En troisième lieu, lors même que la succession ou la communauté est uniquement composée de meubles, il faut reconnaître que son importance matérielle ne saurait être fixée au moment de la demande, et le même article ne s'applique aux demandes mobilières qu'autant que leur objet excède 1,000 francs (aujourd'hui 1,500 francs), ou qu'elles sont formées en vertu d'un titre non contesté.

Quant au texte de l'article 823 qui paraît établir une distinction entre les difficultés du fond et certaines autres qu'il indique, en disant que, pour celles-ci, « le tribunal prononce comme en « matière sommaire, » voici comment on prétend l'expliquer dans la seconde opinion. D'une part, cette disposition a seulement voulu que l'affaire fût jugée avec promptitude, à raison de sa nature, rien de plus. Encore une fois elle n'avait pas à s'occuper de la procédure. Elle devait se borner à poser le principe d'urgence, propre à toutes les causes sommaires. D'une autre part, que sont en réalité ces difficultés dont parle l'article 823. Il ne faut pas en atténuer la gravité. Ce sont celles résultant du refus de procéder au partage ou portant sur le mode d'y procéder et de le terminer. Mais ces difficultés, que l'article ne précise pas, peuvent soulever les questions les plus sérieuses ; par exemple : l'interprétation d'un traité qui suspendrait le partage pendant deux, trois ou cinq ans, l'examen des qualités des parties qui doivent figurer au partage, la discussion des éléments et des clauses qui doivent compléter (ou *terminer*) l'état liquidatif. Est-il donc raisonnable de soutenir que le Code n'a vu là que des contestations purement sommaires? Enfin, dit-on, le système contraire aboutirait à des anomalies et à des injustices qu'il suffit de signaler :

Ainsi, même au cas de licitation poursuivie en vertu du jugement qui a ordonné la liquidation, sans aucune contestation, il y aurait lieu de taxer tous les frais de la demande comme en matière sommaire, et cette taxe serait manifestement irrégulière. L'affaire est ordinaire par la raison décisive que la demande avait nécessairement un objet immobilier, *tendit ad immobile*, puisqu'une licitation a été ordonnée et qu'elle était un élément essentiel de la liquidation générale.

Ainsi encore, lorsque les difficultés du fond arrivent seulement sur la demande à fin d'homologation, il faudrait taxer comme en matière sommaire les deux parties du mémoire de frais, et l'article 823 ne serait point applicable, parce que l'effet de la contestation survenue se rattache nécessairement à la première procédure, à la demande en partage. Une distinction entre les deux phases de la poursuite serait arbitraire.

C'est aux lumières du juge taxateur qu'il appartient d'apprécier les deux systèmes et de se prononcer, après avoir vérifié la jurisprudence que l'on invoque en faveur de la taxe sommaire [1].

209. Tout le monde admet, au surplus, que lorsqu'il n'a surgi aucune contestation avant et après le jugement ordonnant la liquidation, les frais de la demande à fin d'homologation sont soumis à la taxe sommaire. Il ne s'agit alors que de l'exécution du jugement qui forme le titre non contesté dont parle l'article 404 du Code de procédure.

210. S'il n'y a pas eu de contestation pendant le cours de la poursuite, le jugement qui homologue la liquidation liquide tous les frais, et ceux de la demande en compte, liquidation et partage, et ceux d'homologation, encore bien que les premiers soient taxés comme en matière ordinaire. Cette disposition liquidative des frais touche en effet à la masse partageable, puisqu'elle déclare qu'ils seront privilégiés comme faits dans l'intérêt commun. Nous en avons donné la raison précédemment [2].

[1] V. *suprà*, n° 208, note, p. 160.

[2] V. *suprà*, p. 95. Mais nous ne pensons pas que les frais d'un emploi ordonné pour la part attribuée à une femme dotale, ou d'une caution à fournir pour l'émolument attribué à un usufruitier, puissent être compris dans la masse des frais privilégiés. Il s'agit ici de frais personnels à ces parties et en dehors du partage.

211. Dans le cas de contestations évidemment mal fondées, le tribunal a le droit d'exonérer la masse de tout ou partie des frais, en les mettant à la charge personnelle des contestants, malgré la qualité des parties (art. 130 C. pr. civ.).

212. Il suit au moins de ces observations, selon nous, que le tribunal ne doit pas, *ab initio*, en ordonnant la liquidation, décider que les frais de la poursuite seront taxés, comme en matière sommaire, pas plus ceux faits jusque-là, que ceux à faire ultérieurement. On n'est pas certain, lors du premier jugement, qu'il ne surviendra point de contestation sur le *fond* du partage devant le notaire, ou après la clôture de l'état liquidatif, et nous avons fait observer que, si une contestation de cette nature surgit alors, elle peut avoir pour conséquence de déterminer rétroactivement la nature ordinaire de l'affaire. Il nous semble de plus qu'une pareille disposition empiéterait sur le droit du juge taxateur qui est chargé, par la loi, d'apprécier la nature de l'affaire, et de la taxer dans le sens de son appréciation.

213. Lorsque le notaire a porté au passif de la liquidation des frais d'autres instances dus par le *de cujus*, payés ou non payés, il convient que le jugement en ordonne la taxe, ou qu'il réserve aux parties le droit de la requérir.

214. Nous ajouterons que le juge est toujours
porté à appliquer la loi du tarif avec une extrême
équité. Il sait combien la demande en partage est
grave, il sait qu'une honorable rémunération
appartient aux officiers publics, dans l'exercice
de leurs fonctions acquises par de longues études
et accompagnées d'inévitables charges [1] ; il ne
rejette, et à regret, que les actes de procédure
inutiles [2].

215. Il serait aussi inconvenant qu'irrégulier
de solliciter le remplacement du juge-commissaire, à son insu, lorsqu'il a remis les pièces,
en demandant que des rectifications soient faites dans l'acte liquidatif, avant son homologation.
Les parties ont seulement le droit de réclamer
son rapport, en l'état, et de présenter leurs
observations à l'audience : le tribunal appré-
ciera.

[1] « C'est alors que des hommes probes ne repousseront
« pas un état qu'ils pourront exercer avec fruit sans blesser
« leur délicatesse. » (M. Treilhard, dans son Exposé des deux
premiers livres du Code de procédure civile.)

[2] V. l'arrêt de Paris, cité p. 147, à la note.

§ 4.

LIQUIDATION DE REPRISES.

216. Cette opération, avons-nous dit, est plutôt un *compte* qu'une liquidation véritable, car elle ne consiste qu'à constater la somme dont la femme est créancière de son mari, pour reprises et indemnités, après une séparation de biens prononcée par suite d'un désordre d'affaires (art. 1443 C. Nap.).

217. Elle a lieu presque constamment dans l'espèce d'une communauté mauvaise, à laquelle la femme commune a renoncé ; et il est évident qu'alors il n'y a plus de partage possible.

218. Que si la séparation de biens résulte d'une séparation de corps, la communauté peut être bonne à partager : un mauvais mari n'est pas nécessairement un mauvais administrateur. Dans ce cas, le partage se fait, et il convient de lui appliquer ce que nous avons exposé sur la liquidation de communauté.

219. Dans l'hypothèse d'une communauté en déficit, avec renonciation de la femme, il nous suffit de rappeler que les reprises à régler comprennent, s'il y a exclusion de propres convenue

par le contrat de mariage ou communauté conventionnelle : 1° les sommes et indemnités énumérées dans l'article 1493 du Code Napoléon ; 2° toutes les sommes ou valeurs que la femme a apportées en dot, ou recueillies pendant le mariage à titre de succession, donation ou legs. S'il y a communauté légale, les reprises ne se composent que des créances énoncées par cet article, l'article 1492 portant « que la femme perd toute « espèce de droit sur les biens de la commu- « nauté et même sur le mobilier qui y est entré « de son chef. »

220. Dans les deux cas, la femme a encore le droit de reprendre en nature ses biens personnels existants et ceux formant remploi[1].

221. Cet acte, qui a pour objet de fixer le décompte des reprises de la femme, est dressé par le notaire que le jugement de séparation a désigné, en commettant un juge-commissaire, *s'il y a lieu*, c'est-à-dire pour le cas de difficultés possibles. Il se passe entre la femme et son mari, seul, ou assisté d'un syndic en cas de faillite. Le notaire y procède sans second notaire, ni témoins[2].

222. Le mari et le syndic doivent être ap-

---

[1] V. *suprà*, p. 123.
[2] V. *suprà*, p. 22.

pelés à entendre la lecture de l'acte devant le notaire. Si le mari non failli conteste ou ne comparaît pas, s'il y a un syndic contestant ou non contestant, il est indispensable de soumettre l'acte à l'homologation judiciaire, et le juge est entendu dans son rapport. Lorsqu'il existe des créanciers opposants à la liquidation, il faut également les sommer de se trouver à l'audience [1].

223. Les développements que nous avons présentés à l'égard des mesures préliminaires et de la confection intrinsèque propres à l'acte de liquidation ordinaire nous paraissent convenir à la liquidation des reprises, notamment en ce qui touche les observations, la formation de la masse et la fixation des droits.

224. Quant aux attributions de l'actif, elles ne peuvent être faites au profit de la femme, lorsqu'il existe des créanciers du mari opposants à partage, intervenus ou non dans la liquidation. On se rappelle que, d'après le dernier arrêt de la Cour de cassation, la femme n'a sur cet actif ni droit de copropriété, ni droit privilégié, soit qu'elle renonce à la communauté ou qu'elle l'accepte, soit qu'il y ait communauté légale ou conven-

[1] V. pour les mises en demeure ce que nous avons dit plus haut, p. 66 et 67.

tionnelle. Le notaire renverra donc la femme et les créanciers à se pourvoir pour se faire payer respectivement au moyen d'une contribution judiciaire [1]. Cependant, nous répéterons ici que si les créanciers n'avaient pas formé opposition, les attributions pourraient être faites à la femme sur l'actif de la communauté. Nous en avons donné le motif [2] : recevant légalement les biens abandonnés, elle ne serait point obligée à restitution envers eux.

225. On sait que, sous le régime dotal, la femme est admise par la jurisprudence à demander sa séparation de biens, quand le mari administre mal la dot et en dissipe follement les fruits destinés à subvenir aux charges du mariage. Il est alors contraint de rendre la dot (art. 1549 et suiv., 1564 et suiv.). Un compte doit s'établir entre eux, et par conséquent une liquidation. Ce n'est pas celle de reprises à proprement parler, mais elle en est l'équivalent et s'opère de la même manière.

226. Lorsque la liquidation de reprises a lieu par suite d'une séparation de biens prononcée contre le mari, les frais de l'état liquidatif et de

[1] V. *suprà*, p. 123, ce que nous avons expliqué sur ce point.
[2] V. même page.

l'homologation sont payés par lui ou par ses héritiers, comme dépens mis à sa charge.

CONCLUSION.

227. Les observations rapides que nous venons de présenter démontrent, si nous ne nous trompons, que les actes de liquidation judiciaire peuvent être améliorés sous plusieurs rapports essentiels, et elles se résument en deux mots : les notaires doivent s'appliquer à donner à la forme de ces actes toute la concision et toute la clarté possibles, en rejetant les vieilles pratiques dont ils subissent encore le joug ; ils doivent consacrer au fond du travail tous les soins et toute la réflexion dont ils sont capables, en appréciant les actes et les droits des parties. C'est ainsi seulement qu'ils se conformeront au vœu de la loi et qu'ils répondront à la confiance de la justice : *Regula est quæ rem, quæ est, breviter enarrat*[1]. Qu'on ne dise pas que nous avons attaché trop d'importance à des omissions irréfléchies, à des conditions secondaires, à des précautions exagé-

[1] L. 1, ff., *De reg. juris*.

rées : encore une fois, tout est grave en cette matière.

228. Les Chambres de notaires, dont la composition est excellente, comprendront la nécessité de fortifier nos observations par leurs propres conseils, et elles le pourront toujours, puisque les actes de liquidation leur sont remis pour recevoir d'elles une taxe provisoire. Qu'elles s'occupent de ce contrôle avec persévérance, et le but que nous nous sommes proposé sera atteint.

229. Disons, en terminant, que si, dans les liquidations amiables et dans les partages d'ascendants surtout [1], les uns et les autres essentiellement soumis aux principes dont nous avons offert l'analyse, le consentement des parties suffit pour ratifier l'œuvre du notaire, il doit y apporter d'autant plus de circonspection qu'ignorant les affaires le plus souvent, elles s'en remettent à lui avec un abandon absolu.

---

[1] Art. 1075 C. Nap. et suiv. Ces derniers actes sont très-fréquents dans nos campagnes. Les père et mère parvenus à l'âge du repos s'empressent d'abandonner leurs biens à leurs enfants et surtout les biens immeubles, en ne se réservant qu'une rente viagère en argent. V. un arrêt de Nîmes, du 20 novembre 1853 (Sirey, vol. LIV, 2, 690), sur ces partages en particulier.

FIN.

TABLE DES MATIÈRES.

—

OUVRAGES DU MÊME AUTEUR.

————

COMPÉTENCE DES CONSEILS DE PRUD'HOMMES, 1 vol. in-8° (1842).

CONTRAT D'APPRENTISSAGE, 1 vol. in-12, 2e édition (1847).

LOUAGE D'OUVRAGE ET D'INDUSTRIE, 1 vol. in-12, 2e édition (1847).

JUSTICE INDUSTRIELLE, 1 vol. in-12 (1847).

CODE DE L'OUVRIER, OÙ SONT EXPLIQUÉS SES DROITS, DEVOIRS PROFESSIONNELS, ET TOUTES LES INSTITUTIONS OUVRIÈRES, 1 vol. in-18 (1856).

Ces trois ouvrages avaient été approuvés par l'Université, adoptés par l'ancien Comité central d'instruction primaire de la ville de Paris.

RÈGLES SUR LA PROFESSION D'AVOCAT, 1 vol. in-8° (1842).

ABRÉGÉ DES MÊMES RÈGLES, 1 vol. in-12 (1852).

BOURSES DE COMMERCE, OÙ SONT EXPLIQUÉES LES RÈGLES SUR LA PROFESSION DES AGENTS DE CHANGE ET DES COURTIERS, 2 vol. in-8°, 3e édition (1853).

OUVRAGES DU MÊME AUTEUR.

COMPÉTENCE DES CONSEILS DE PRUD'HOMMES, 1 vol. in-8°
(1842).

CONTRAT D'APPRENTISSAGE, 1 vol. in-12, 2e édition (1847).

LOUAGE D'OUVRAGE ET D'INDUSTRIE, 1 vol. in-12, 2e édition
(1847).

JUSTICE INDUSTRIELLE, 1 vol. in-12 (1847).

CODE DE L'OUVRIER, OU SONT EXPLIQUÉS SES DROITS, DEVOIRS
PROFESSIONNELS, ET TOUTES LES INSTITUTIONS OUVRIÈRES, 1 vol.
in-18 (1856).

Ces trois ouvrages avaient été approuvés par l'Université, adoptés
par l'ancien Comité central d'instruction primaire de la ville de Paris.

RÈGLES SUR LA PROFESSION D'AVOCAT, 1 vol. in-8° (1842).

ABRÉGÉ DES MÊMES RÈGLES, 1 vol. in-12 (1852).

BOURSES DE COMMERCE, OU SONT EXPLIQUÉES LES RÈGLES SUR
LA PROFESSION DES AGENTS DE CHANGE ET DES COURTIERS, 2 vol.
in-8°, 3e édition (1853).

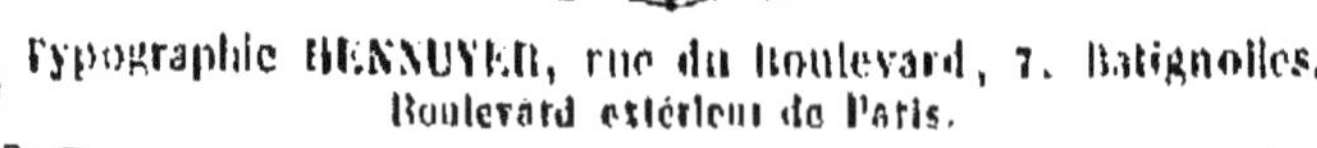

Typographie HENNUYER, rue du Boulevard, 7, Batignolles.
Boulevard extérieur de Paris.